셰어하우스
A to Z

건물주보다 월세 많이 받는
연 200% 수익률 임대사업 프로젝트

셰*어
하우스

전인구 지음

한국경제신문i

프롤로그
경제적 자유를 위해 한 걸음 내딛다

월급은 그대로였다. 하지만 모든 것이 변했다. 월세도 올랐고, 물가도 올랐다. 나이가 드는 만큼 흰머리도 보이기 시작한다. 흰머리가 보일 때가 되면 사람들은 직장에서 조용히 사라졌다. 사라진 이들이 무엇을 하고 사는지 궁금해할 시간도 없다. 자신이 그 상황에 직면하는 순간 그제야 궁금해진다.

'이 사람들은 얼마나 외롭고 두려웠을까?'

모은 돈 없이, 마땅한 기술 없이 직장에서 나온다고 생각해보자. 무엇이 나를 지켜줄 수 있을까? 세상은, 특히 우리나라는 그다지 우호적인 상황이 아니다. 대출받아 산 집은 금리가 올라 대출부담이 늘어나는가 하면, 직장조차 없으면 대출마저 나오지 않는다. 저성장의 덫에 빠져 잘 나가는 기업들이 하나둘 쓰러지고 있다. 기업이 쓰러질 때마다 수천 명의 실업자가 거리로 나온다. 노숙자들과 거리로 나온 자들은 집이 있고 없고의 차이일 뿐, 대책이 없는 것은 매한가지다.

장기 불황이 이어지는 일본을 두고 잃어버린 20년이라고 바꿔 불렀다. 그런데 우리나라도 잃어버린 5년쯤 된 듯하다. 경제성장률은 제로 상태에 가깝고, 출산

율은 세계 최저이며, 성장하는 기업보다 부도가 나는 기업이 더 많아지고 있다. 고용률은 어떤가. 일할 의지와 능력은 있으나, 일자리가 없어 실업 상태에 놓인 이들이 태반이다. 일본이나 한국, 중국이 만들고 파는 물건은 비슷해서 서로의 살을 파먹으며 같이 노쇠해지고 있다.

기업들은 미래의 먹거리를 찾아 돌파구를 마련해야 한다고 외치지만, 정작 찾았다는 이야기는 뉴스에서 들어본 적이 없다. 이런 상황에서 베이비부머들이 은퇴하기 시작했다. 좋은 시절을 누렸던 이들이 노후를 위해 재테크에 열을 올린다. 원룸이 뜬다 하면 원룸을 우르르 짓고, 상가가 뜬다 하면 상가를 쇼핑하듯 사들이고 있다. 돈이 좀 된다 하면 모두 따라붙어 공급과잉을 일으키고 공멸해버린다. 쉽고 편한 투자를 하다가는 얼마 못 가 망할 수밖에 없다.

결국 알아도 따라 할 수 없거나, 따라 하기 싫은 투자를 해야 한다. 집을 사고파는 것은 누구나 할 수 있다. 월세를 놓고 빼는 것도 중개업소에 맡기면 된다. 인테리어를 새로 하는 일도 업체에 맡기면 편하다. 세입자를 관리해주는 업체도 있다. 문제는 이러한 것들을 맡기다 보면 남는 돈이 없다. 어디에 맡기지 않고 혼자 한다면 그래도 돈벌이가 될 것이다.

그래서 이번에 새로운 부동산 프로젝트에 도전해보기로 했다. 남들이 따라 하기 싫어서 또는 따라 할 수 없어서 독보적인 경쟁력을 갖는 월세 프로젝트다. 남들이 보지 못하는 지역에서 남들이 구하지 못하는 세입자를 구하고, 남들이 안 하려는 인테리어를 혼자 하며, 직접 관리까지 하면 상상할 수 없는 수익이 나온다는 것을 알려주려고 한다.

나는 이 프로젝트를 통해서 경제적 자유를 누려보았다. 원하는 것을 사고, 가고 싶은 데를 가고, 하고 싶은 것을 해도 돈이 줄어들지 않는 놀라운 경험이었다. 월세 10만 원 방에 4명이 살던 시절에서 세입자를 30명 가까이 보유한 임대업자가 되는데 그리 시간이 오래 걸리지 않았다.

경제적 자유가 절실한 사람에게, 여유와 낭만이 아닌 영혼을 팔아서라도 부자가 되고 싶은 갈증이 있는 사람에게 이 책을 권한다. 부자가 되는 길은 고통스럽

고 외롭고 더디다. 나 또한 부자가 되는 계단을 하나씩 오를 때마다 사랑하는 사람들을 잃으면서 고통스러워했다. 경제적 자유를 얻는 순간 행복감을 맛본 것과 동시에 왈칵 눈물이 쏟아졌다.

이 프로젝트를 진행하는 데 실패와 성공을 거듭하다 보니 2년 정도의 시간이 걸렸다. 그동안 여러 채의 집을 매입하거나 빌렸고, 수십 명의 세입자에게 월세를 받아보았다. 그러한 과정을 통해 얻은 교훈을 이 책에 고스란히 담았다.

직장 일이 바쁘더라도 여러분의 인생을 바꿀 수 있는 일이니, 시간 내서 꼭 읽기를 바란다. 이 책에서 제시하는 길이 불편하고 외롭고 힘들게 할 수도 있지만, 여러분을 부자로 만들어주기를 진심으로 바란다.

프롤로그

경제적 자유를 위해 한 걸음 내딛다 · 4

PART 1. 부동산, 임대 투자가 답이다

PART 2. 셰어하우스를 시작하다

PART 3. 광고부터 계약까지
셰어하우스 A to Z

깨알 TIP3. 셰어하우스 분위기를 살리는 작은 소품들

PART 4. 우리 셰어하우스만의
특별한 무언가 만들기

깨알 TIP4. 셰어하우스의 독특한 유료 서비스

PART 5. 이럴 땐 어떻게? 셰어하우스 Q&A

깨알 TIP5. 셰어하우스를 창업하는 방법

에필로그

남에게 도움을 주는 사업을 하자 · 228

PART 1.

부동산,
임대 투자가
답이다

부동산 프로젝트의 시작

저비용 고효율
셀프 리모델링

급매+월세로
임대수익률 18% 내기

인테리어를 배우는 방법
1, 2, 3

PART 1.

01

임대 투자의 장점

나이 들고 힘이 없어도 죽을 때까지 할 수 있는 투자는 어떤 것이 있을까? 다달이 들어오는 월세로 나만의 월급을 만들어보자.

02

아파트를 고르는 노하우

아파트는 첫째도 입지, 둘째도 입지다. 학군이 중요할까? 교통이 중요할까? 59㎡가 좋을까? 84㎡가 좋을까?

03

임대수익률을 올리는 두 가지 방법

임대수익률을 올리려면 두 가지 방법밖에 없다. 싸게 사거나 월세를 더 받거나. 이 중에서 어떤 것이 더 쉬운 일일까?

04

무작정 가본 지방 답사기

펜션 찾아, 아파트 찾아 지방을 답사해본 생생한 후기 공개. 어디에, 무엇을 하면 돈을 벌 수 있을까?

05

경매의 진실

경매를 열심히 배웠는데도 쓸모가 없다?!

06

급매의 매력

경매보다 싸게 나오는 급매가 있다? 부동산을 내 편으로 만드는 방법과 급매로 나온 물건을 낚아채는 방법을 배워보자.

07

저비용 고효율 셀프 리모델링

최소 비용으로 최대 효과를 볼 수 있는 리모델링 종류를 알아보자. 30분만 투자하면 누구든지 셀프 리모델링에 성공할 수 있다.

08

셀프 인테리어로 갭 투자하기

전세가가 낮은 아파트를 매입한 후 인테리어를 싹 해서 비싼 가격에 전세를 놓으면 갭 투자로 승산이 있을까?

01
부동산 프로젝트의 시작

임대수익과 매매차익을 노리다

부동산 투자는 크게 세 가지가 있다. 첫 번째는 매매차익을 노릴 수 있고, 앞으로 가격이 크게 상승할 것 같은 부동산에 투자하는 것이다. 단, 임대수익이 전혀 없거나 형편없다. 예를 들면 땅이나 재건축 아파트, 서울의 오피스텔 같은 경우다. 임대수익이 3% 미만이면 매각차익을 노리는 투자라고 볼 수 있다. 그런데 이 부동산 투자는 다시 두 가지로 나뉜다. 아직 오르지 않은 부동산과 이미 올랐지만 더 오를 것 같은 부동산이다. 언제 오를지 기약도 없고, 단위가 너무 커서 분산투자가 어렵다는 단점이 있다. 그런 점에서 매매차익을 노리는 부동산 프로젝트는 제외했다.

두 번째는 임대수익만 기대되는 부동산에 투자하는 것이다. 앞으로 가격 상승은 없을 것 같은 노후 아파트나 다세대주택(빌라) 등을 매입해서 임대수익만 얻는다. 매각차익이 없는 대신 임대수익이 꽤 높다. 일반적인 임대용 원룸 건물, 다세대주택, 상가주택, 오피스텔이 여기에 해당한다. 은행에 예금하고 이자를 받는 것처럼 월세수익을 제때 받기만 하면 되는 쉬운 투자 방법이다.

세 번째는 매매차익과 임대수익 두 가지를 얻는 부동산에 투자하는 것이다. 당장은 임대수익만 나오지만, 임대수익이 상당해서 매매차익을 바라지 않아도 된다. 부동산 가격이 상승할 수 있는 곳에 투자하면 두 가지 수익을 노려볼 만하다. 임대수익이 나는 곳에서 용도를 변경해 더 높은 임대수익을 내고, 부동산 가치를 끌어올려 매매차익까지 얻을 수 있다.

나는 최상의 부동산 투자인 세 번째 방법을 이번 부동산 프로젝트로 선정했다. 안정적으로 투자하기 위해 임대수익을 바탕으로 투자하되, 매매차익까지 노릴 수 있는 곳에 투자하기로 했다. 그렇다면 부동산에서도 투자 종류는 한정적으로 줄어든다. 우선 땅보다는 아파트, 원룸, 펜션, 상가 등이다. 그중에서 원룸은 제외했다. 상가 또한 워낙 리스크가 커서 제외했다.

원룸을 제외한 이유

부동산 프로젝트에서 원룸은 제외하기로 했다. 아니, 원룸 투자는 할 수 없었다. 주식 투자를 할 무렵부터 원룸을 알아보고 있었다. 부산, 목포, 영암, 군산, 평택, 공주, 대전, 천안, 이천 등을 돌아다니면서 고민하고 또 고민했다. 실제로 땅을 매입하려고 계약서 쓰기 직전까지 갔다가 포기했던 지역도 있다.

고민만 하고 지르지 못한 이유가 있었다. 원룸이라는 것이 막 뜨는 단계였기 때문에 지어서 임대를 놓으면 수익이 날 가능성이 컸다. 하지만 전국적으로 열풍이 부는 탓에 너무도 많은 원룸이 지어지고 있었다. 원룸을 짓는 것이 어려운 것도 아니고, 지을 수 있는 땅이 귀한 것도 아니다 보니 6개월이면 맨땅에서 원룸 건물이 떡 하니 완성되었다.

전 재산을 들여 원룸을 한 채 지었다고 하더라도 금방 공급과잉이 왔을 것이다. 그럼 월세를 내려야 하고, 수익률은 엉망이 된다. 게다가 원룸 짓기 열풍으로 원룸을 지을 수 있는 땅은 너무도 많이 올라버렸다. 그 가격으로 땅을 산 후 원룸을 지어 만실이 찬다고 해도 도저히 수익이 나지 않는 수준이었다.

아직 목표가격까지 오르지 않은 주식들을 정리하면서 공급과잉인 원룸에 뛰어들 필요는 없었다. 그래서 원룸을 짓는다는 목표는 포기하고, 주식이 오르기만을 기다렸다. 결과적으로는 옳은 선택이었다.

지도를 보고 부동산 시나리오 쓰기

부동산 프로젝트를 본격적으로 시작하기에 앞서 열심히 공부했다. 모든 지역을 돌 수 없었기에 살고 있는 근처 도시와 핵심 지역 위주로 부동산을 살폈다. 부동산에 찬바람이 불어 투자하려는 사람이 귀하던 차라 각 지역 중개업소를 들러 많은 정보를 듣고 수집하기로 했다.

부동산은 도로와 건물이 지어지고 사람들이 가득 찼을 때 투자하면 늦다. 아직 정보가 확실하지 않아 남들이 그림을 그리지 못할 때 수집한 정보들을 토대로 무엇이 들어올지를 예측하면 남보다 먼저 좋은 땅에 투자할 수 있다.

그 당시 신도시들이 여러 군데 지어지고 있었다. 덕분에 많은 기회가 주어졌다. 광교, 판교, 동탄2신도시, 하남신도시, 다산신도시, 배곧신도시, 세종시, 각 지방의 혁신도시 등을 돌아다니며 투자하면서 지도를 읽고 좋은 자리를 알아보는 법을 터득했다.

이런 경험이 나중에 셰어하우스를 운영할 때 상당한 도움이 됐다. 남들은 걱정하느라 진출하지 못하는 지역에 과감하게 들어갔고, 지점을 넓혀서 다른 경쟁자가 들어오지 못하게 했다. 또한, 먼저 선점해서 부동산 가치를 올린 뒤 후발주자에게 매각해서 매각차익도 쏠쏠히 볼 수 있었다.

이렇듯 부동산 투자는 지도를 읽고, 먼저 들어가는 사람이 유리하다. 부동산은 주식과 다르게 상황을 파악할 시간이 충분히 주어져서 섣부른 판단을 내리지 않게 되어 좋다.

첫째도 입지, 둘째도 입지

부동산은 땅 위에 세우는 것이기에 다른 것은 다 바꿀 수 있어도 위치는 바꿀 수 없다. 구조가 나쁘면 구조를 변경하면 되고, 자재가 나쁘면 인테리어를 하면 되고, 방이 적으면 방을 늘리면 된다. 그러나 입지는 바꿀 수 없다.

입지에서 가장 중요한 것은 교통이다. 강남에 얼마나 빠르고 편하게 접근할 수 있는지, 각종 편의시설이 밀집된 곳인지, 출퇴근 길이 편한지 등 교통은 부동산 가격을 좌우하는 가장 큰 요인이다. 실제로 강남으로 가는 신분당선의 영향으로 판교 집값이 급등했고, 그다음 광교 집값이 급등했다. SRT가 들어오는 동탄과 평택 지제역도 집값이 오르고 있고, GTX가 들어오는 동탄과 판교는 2021년에 한 번 더 상승할 것으로 예상된다. 만약 입지만 보고 투자하라고 하면 삼성, 수서, 판교가 될 것이다. 2021년 예상 지도를 보면 고개를 끄덕일 만하다.

교통 다음으로는 학군이 중요하다. 우리나라는 세계에서 교육열이 가장 높은 나라다. 즉, 교육이라는 변수가 부동산 가격을 충분히 흔들 수 있다. 학군만으로 집값을 받치고 있는 곳이 목동이다. 대치동은 강남권이라 그렇다 쳐도 목동은 정말 학군으로 시작해서 학군으로 끝난다고 해도 과언이 아니다.

요즘은 '초품아'라는 말도 생겼다. 초등학교를 품은 아파트가 중요하다는 뜻이다. 맞벌이 부부가 많다 보니 자녀가 안전하게 등하교를 할 수 있는 아파트가 뜨는 추세다. 초등학교에 갈 때 길을 건너야 한다거나 한 블록을 더 걸어가야 하는 것과 비교해서 단지 내에 초등학교가 있다면 가격이 높게 형성된다.

학원을 품은 아파트도 있다. 자녀가 학교 다음으로 오래 있는 곳은 집이 아닌 학원이기 때문이다. 학원가 옆에 아파트가 있으면 왔다 갔다 하느라 허비하는 시간이 줄어들 뿐만 아니라, 어린 자녀의 경우 안전이 보장된다. 집에서 잠시 쉬었다가 학원을 갈 수도 있기에 학원가가 형성된 근처의 아파트도 인근보다 가격이 높다.

그 외에는 기피시설이 있지 않은 한 입지라고 불리며, 가격에 큰 영향을 주는 요소는 없다.

무조건 중소형을 사라

지금 사는 집이 좁아 큰 집이 좋다고 말하는 이들도 있다. 하지만 지방의 저렴한 아파트에 살지 않는 한 수도권에 있는 큰 평수 아파트 투자는 말리고 싶다. 개인적으로는 지방의 아파트도 59㎡를 초과하는 아파트는 쳐다보지 않는다.

가장 선호하는 평수는 전용면적 39~59㎡의 아파트다. 이렇게 중소형 아파트를 사야 하는 이유가 있다. '베이비부머의 은퇴, 출산율 세계 최저, 일본형 장기 불황, 1인 가구 증가, 일자리 감소, 공급과잉', 이 단어들을 조합해보자. 한집에 사는 가구 수가 4명을 넘는 집이 거의 없다는 얘기다. 혼자 또는 둘이 살거나, 자녀가 있는 경우 평균 1명에

불과하기에 잘해야 3명 정도가 한집에 사는 셈이다.

3명이 사는 집이면 25평형으로 불리는 59㎡가 적당하다. 부족하다고 하는 사람들은 공간 활용에 미숙한 것이다. 공간 활용을 극대화해서 살 생각을 해야지, 대출을 더 받아서 큰 집에 살려고 생각하면 안 된다. 만약 입지가 떨어지는 84㎡와 입지가 좋은 59㎡가 같은 가격이라면 나는 무조건 59㎡를 택할 것이다.

요새는 확장형이라 59㎡여도 방 3개에 욕실이 2개나 돼서 4명이 사용해도 충분하다. 신혼부부가 살기에도 적당하고, 혼자 살아도 살 만하다. 관리비 부담도 비교적 적다. 즉, 만능 평형대로 누구에게나 적합해 수요층이 두텁다. 당연히 59㎡는 수요보다 공급부족인 상태고, 가격이 내려가지는 않으리라 예상한다.

39~46㎡의 집은 방이 1~2개 된다. 안방과 옷방, 그리고 거실 정도가 나오기에 혼자 살기에 알맞다. 신혼부부의 경우 적은 돈으로도 마련할 수 있는 집이라 수요가 많은 편이다. 하지만 59㎡와 비교해서 이 평형대는 매매보다는 세를 놓는 것이 좋다. 실제로 이 평형대의 아파트를 몇 개 보유해서 월세를 놓았는데, 거주층으로 집을 매수할 여력이 있는 사람보다는 소득이 낮거나 노후를 맞이하는 사람이 많았다. 적은 관리비, 혼자 살기에 적당한 크기, 저렴한 월세 등이 매력적으로 다가오기 때문이다.

72의 법칙, 복리의 마법

부자가 되는 비법은 바로 복리에 투자하는 것이다. 오로지 원금에만 이자가 붙는 투자와 이자에 이자가 붙는 투자는 완전히 다른 결과물을 낸다. 예를 들어 100만 원을 연 30% 수익률의 단리로 냈다면 1,000만 원이 되는 반면, 월복리로 냈다면 72.5억 원이 된다.

복리가 가장 무섭다. 특히 대출은 복리다. 빚은 이자가 이자를 낳고, 그 이자가 손자를 낳는다. 빚이 눈덩이처럼 불어난다는 말은 그래서 나왔다. 현재 법정으로 인정하는 사채 최고 이자율은 27.9%다. 이자율이 많이 낮아졌다고 해도 이 정도만으로 빚을 눈덩이만 하게 만들 수 있다.

임대 투자가 사채업보다 수익률은 낮지만, 장점은 훨씬 많다. 사채업은 언제든지 돈을 떼일 가능성이 크다. 한 명한테만 돈을 못 돌려받아도 수익률은 곤두박질친다. 반대로 임대사업은 돈을 떼일 가능성이 아주 낮다. 보증금을 미리 받아 놓았으므로 명도소송만 제때 하면 돈을 떼이지 않는다. 즉, 수익률이 실제 수익으로 복리로만 잘 굴리면 큰 부자가 될 수 있다.

월세를 받아서 내가 써버리면 복리 투자가 아니다. 월세로 받은 돈을 모아서 집을 늘리고, 또 월세를 늘리며 점차 집의 개수를 늘려가야 복리 투자가 된다. 집의 개수가 늘어나면 돈이 모이는 속도가 빨라져 집을 사는 간격은 점점 짧아진다. 그러다 보면 어느 날 한 달에 한 채씩 집을 사는 순간이 올 수도 있다. 그러면 부자가 된 것이다.

임대 투자에 눈뜨다

부동산을 사서 임대사업을 해봐야겠다고 결심한 날, 인근 부동산을 기준으로 집을 사서 월세를 놓으면 순이익이 얼마나 되는지 계산해보았다.

'그냥 집을 사서 월세를 놓기만 했는데 22%가 나오다니. 그동안 난 뭐 하고 산 것일까?'

쉽게 갈 수 있는 길을 먼 길을 돌고 돌아서 이제야 발견한 기분이었다. 은행에서 아무리 높은 이자를 준다고 해도 연 3~4% 정도다. 그런데 임대 투자는 집을 사서 세를 놓으면 다달이 연 20%의 수익률을 기록해주니, 이렇게 땅 짚고 헤엄치기가 어디에 있나 싶었다.

'이거였구나. 실천으로 옮기자.'

보유한 자산을 모두 현금으로 만들고, 집을 사기 위해 여기저기 둘러봤

매매가	1억 2,000만 원
대출액	8,400만 원
보증금	2,000만 원
실투자금	1,600만 원
월세	50만 원
대출이자	21만 원(연 3%)
월 순이익	29만 원
연 순이익	408만 원
임대수익률 약 22%	

다. 우선 서울은 매매가 대비 월세가 낮아 수익률이 10%를 넘지 못했다. 경기도나 지방으로 가야 승산이 있을 것 같았다. 지방은 매매가가 낮으면서도 월세는 수도권과 비교하면 별 차이가 없는 지역이 있었기에 충분한 임대수익률을 얻으리라 생각했다.

전국에 있는 모든 도시의 매매가를 일일이 구하고, 월세를 알아보는 일은 너무 방대했다. 할 일이 없는 사람이면 모를까 직장을 다니면서 칼럼을 쓰고, 원고도 쓰는 나에게는 불가능한 일이었다. 그래서 임대수익률 계산기를 만들었다. 네이버 부동산에 나온 도시의 아파트 매매가와 월세가를 입력하면 아파트 임대수익률이 쭉 나왔다. 입력하고 임대수익률을 보는 데 도시당 1시간 정도면 끝났다.

임대수익률을 엑셀로 정리하고, 투자 가능한 지역을 우선순위로 뽑았다. 그런 다음 중개업소에 전화로 시세를 물어보고, 확신이 서면 날을 잡아서 지방으로 내려갔다.

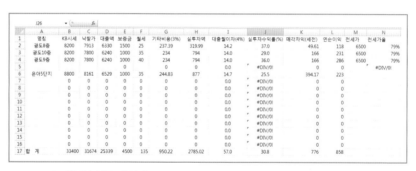

	A	B	C	D	E	F	G	H	I	J	K	L	M	N
1	명칭	KB시세	낙찰가	대출액	보증금	월세	기타비용(3%)	실투자액	대출월이자(4%)	실투자수익률(%)	매각차익(세전)	연순이익	전세가	전세가율
2	광도8층	8200	7913	6330	1500	25	237.39	319.99	14.2	37.0	49.61	118	6500	79%
3	광도10층	8200	7800	6240	1000	35	234	794	14.0	29.0	166	231	6500	79%
4	광도9층	8200	7800	6240	1000	40	234	794	14.0	36.0	166	286	6500	79%
5					0		0	0	0.0	0	0	0		#DIV/0!
6	은아5단지	8800	8161	6529	1000	35	244.83	877	14.7	25.5	394.17	223		
7		0	0	0	0	0	0	0	0.0	#DIV/0!	0	0		
8		0	0	0	0	0	0	0	0.0	#DIV/0!	0	0		
9		0	0	0	0	0	0	0	0.0	#DIV/0!	0	0		
10		0	0	0	0	0	0	0	0.0	#DIV/0!	0	0		
11		0	0	0	0	0	0	0	0.0	#DIV/0!	0	0		
12		0	0	0	0	0	0	0	0.0	#DIV/0!	0	0		
13		0	0	0	0	0	0	0	0.0	#DIV/0!	0	0		
14		0	0	0	0	0	0	0	0.0	#DIV/0!	0	0		
15		0	0	0	0	0	0	0	0.0	#DIV/0!	0	0		
16		0	0	0	0	0	0	0	0.0	#DIV/0!	0	0		
17	합 계	33400	31674	25339	4500	135	950.22	2785.02	57.0	30.8	776	858		

임대수익률 계산기
다운로드

무작정 가본 지방 답사기 : 여수 편

서울보다는 수도권이 임대수익률이 높고, 수도권보다는 광역시가 임대수익률이 높고, 광역시보다는 지방도시가 임대수익률이 높았다. 하지만 무턱대고 지방의 아파트를 매입할 수는 없는 일이었다. 내가 잘 모르는 도시의, 그것도 인구가 얼마 안 되는 지역의 아파트를 사서 임대를 놓고 관리한다는 것은 리스크가 너무 컸다.

무작정 떠나기 전 알아봐야 할 핵심 Point

이 지역의 아파트는 왜 싼 건지?

가격은 싼데 월세는 왜 비싼 건지?

전세가격 비율은 몇 %인지?

나중에 다시 팔 때 잘 팔리는 지역인지?

근처에 신축 아파트가 얼마나 들어서는지?

세입자나 거주자의 연령대는 어떻게 되는지?

이 도시의 사람들은 주로 어떤 업종에 종사하는지?

혼자 사는지 아니면 가족과 함께 사는지?

인구가 최소 20만 명 이상인 중규모 도시에 해당하는지?

이 정도는 알아야 답사할 때 시간을 줄일 뿐만 아니라, 정확하게 투자를 결정해서 나중에 큰 손실을 피할 수 있다. 자신이 잘 아는 도시 중 몇몇 지역을 선정하고, 임대수익률 계산기로 리스트를 뽑는다. 그런 다음 임대수익률이 높은 아파트 단지 위주로 답사를 가보는 편이 좋다.

내가 살아보거나 자주 방문해본 지역은 인천, 시흥, 안양, 이천, 부천, 대전, 세종, 공주, 목포, 영암, 순천, 여수, 군산, 광주, 부산, 포항, 마산, 진해, 창원이었다. 이 중에서 광역시를 빼고, 투자 대비 임대수익률이 높은 지역을 골라보면 공주, 목포, 순천, 여수, 군산 정도로 압축되었다. 나머지 지역들은 집값이 올라버렸으나, 월세가 그만큼 오르지 않은 탓에 임대수익률이 낮게 나왔다.

여수를 먼저 방문하기로 했다. 여수는 인구가 30만 정도 되고, 근처에 석유화학단지가 있어 직장 근로자가 많았다. 혼자 사는 젊은 연령층의 비율도 꽤 높았다. 이들의 소비력이 대단해서 인구 대비 상가도 많고, 장사도 비교적 잘 되는 편이었다.

예전부터 여수는 임대 투자로 주목받는 지역이었고, 임대 투자 좀 해봤다는 사람들은 한 번쯤 방문하는 답사코스 중 하나였으므로 여기부터 시작해보기로 했다. 여수엑스포로 관광지가 되었기에 바다 조망이 나오는 펜션부지도 찾아볼 겸 떠났다.

차를 몰고 3시간 정도 되었을 무렵 순천을 지나 여수에 도착했다. 여수는 순천을 지나야만 들어 갈 수 있는 고립된 지역이다. 순천과 여수의 인구수는 비슷하나, 순천이 가진 지리적 이점 때문에 중심이 순천으로 조금 더 치우쳐 있었다.

여수행

 여수는 참 매력적인 도시였다. 바다를 끼고 있어 관광자원과 어업인구가 많았고, 석유화학단지가 있어 일자리가 풍족했다. 옛 여천군과 여수시가 합쳐진 상태라 중심가도 두 부분으로 나누어져 있는 느낌이었다. 우선 리스트에서 가장 임대수익률이 높아 보이는 신기주공아파트로 가보았다. 이곳이 인기가 있는 이유는 상권이 가깝고, 공장으로 가는 출퇴근 버스가 서며, 아파트 가격이 저렴해서 실투자금이 적게 들기 때문이다. 반면 월세는 높아 실수익률이 15% 정도 나왔다.

 '15%라… 꽤 높은 수익률이긴 한데, 3시간 거리에서 관리하려면 힘들진 않을까?'

 월세 30만 원 하는 아파트를 관리하기 위해 3시간 거리를 다닌다는 것은 다소 무리였다. 세입자 관리야 몇 채를 한꺼번에 사서 중개업소에 맡기면 그만이지만, 이 지역의 부동산 소식을 모르는 상태에서 매도타이밍을 잡는다는 것이 어려웠다. 게다가 아파트가 낡아서 수리를 해주어야 할 부분이 많아 보였다. 일일이 고장 날 때마다 업자를 시켜 수리하면 비용이 발생하기에 앞으로 벌고 뒤로 밑질 가능성도 있었다.

 상권이 자리 잡았고, 아파트 전용면적이 59~72㎡로 솔로와 신혼부부, 가족들 모두 살기 좋은 여서동을 찾아가 보았다. 여기에 살면 좋겠다 싶은 안정감이 드는 동네였다. 그러나 11%의 임대수익률은 기대치에 부합하지 못했다.

2014년 여수시 관심매물 리스트

동	연식	세대수	단지/전용	시세/전세	전세가율	월세	수익률
학동	82	530	장미주공/42	5,500/2,300	42	200/23	6
	82	530	장미주공/52	6,600/3,300	50	–	7 (200/30)
선원동	90	970	남양1단지/49	8,200/5,000	61	500/37	7.5
화장동	95	742	무선주공/58	8,500/5,500	65	2,000/40	15
신기동	91	420	신화/59	7,250/5,500	76	–	13 (1,000/40)
	86	359	신기주공1/39	5,300/3,700	70	200/35	15
	86	359	신기주공1/46	6,300/4,400	70	200/25	6
	88	500	신기주공2/46	6,000/4,100	68	1,000/20	5
	89	450	신기주공3/39	5,500/3,800	69	300/30	12
	89	450	신기주공3/46	6,300/4,100	65	300/30	8.7
	90	150	주공4/46	6,300/4,100	65	300/35	11
	96	495	우미타운/59	10,500/6,500	62	1,000/40	6
여서동	89	570	경남/59	7,500/5,000	66	2,500/25	12
	89	360	주공1/39	6,000/4,200	70	300/35	11
	90	450	주공2/47	6,400/4,500	70	1,000/30	11
	93	1,100	현대1/48	8,000/5,500	69	1,000/40	11
	90	750	금호/72	10,500/7,000	66	7,000/20	9 (1,000/50)
	94	241	현대3/59	9,200/6,700	73	3,000/30	12
문수동	91	700	흥화/69	9,400/7,000	74	2,500/40	15
오림동	87	570	부영3/54	5,500/3,500	64	500/30	11

2014년 여수 아파트 답사기

그동안 바쁘다 보니 글을 쓸 시간도 없었네요.

6월 초에 생각한 것을 실천하기 위해 몸을 먼저 움직였습니다. 대전의 소형 아파트는 이상 없이 마무리되었기에 이제는 방향을 전국으로 돌리기로 했지요.

서울은 임대수익률이 안 나오니 패스~

가장 잘 아는 지역부터 훑어보자는 생각에 남쪽으로 갔습니다.

목포, 순천, 여수, 광양, 진주, 마산, 장유, 부산, 양산 등이 후보군입니다.

가장 먼저 여수로 향했습니다.

여수엑스포가 개최되기 전에 움직였더라면 여수에서 수익을 냈을 텐데….

선택은 옳으나, 한 발씩 늦는다는 점이 아쉽습니다. 부지런히 공부해서 격차를 좁혀야겠지요.

여수에서 임대 투자의 꽃이라 불리는 신기주공아파트입니다.

1, 2, 3단지가 모여 있는데, 동 간 간격이 넓습니다. 1986~1989년 식으로 지은 지 30년이 다 되었으나, 산업단지로 가는 출퇴근 차량이 반드시 들리는 교통의 요지라서 임대수요가 풍부합니다.

몇 년 전에만 발 빠르게 움직였어도 엄청난 임대수익과 매매차익을 거둘 수 있었을 텐데, 놓친 것이 아쉽게 느껴지네요.

뒤편에 산이 있어서 조용하고 한적하며 평화로워 보입니다.

벽지, 장판, 싱크대, 화장실 등을 조금만 손보면 실내에서 바라보는 경치는 참 좋을 것입니다.

보통 월세는 30만 원에 놓더군요. 아래 사진은 2단지인데 5,000만 원 이상 합니다. 리모델링에 따라 5,000~6,000만 원 선입니다. 보증금 300만 원/월세 30만 원에 놓는다고 하면 대출을 끼고 해야 10% 정도 됩니다.

30년 된 건축물이라는 점을 고려하면 수익률이 높은 편은 아닙니다. 그리고 여수는 웅천을 비롯한 여러 지구가 생겨나고 있어 아파트 공급이 곧 넘쳐날 예정입니다.

신기주공도 알짜 물건이라 그동안 매물이 많이 나오지 않았었는데, 요새는 꽤 나오더군요. 좋은 신호로 느껴지지 않아 투자를 잠시 보류하고, 다음에 집중적으로 둘러보기로 했습니다.

◀ 신기주공 앞 육교에서
보이는 대로(8차선)는
교통의 요지

▲ 육교를 건너면 바로 보이는 영화관

* 기본적으로 수풀이 우거져 녹지 느낌이 나는 아파트였음.
지은 지 30년이 다 되었는데도 낡은 느낌이 들기보다 여유롭고
조용해 살기 좋은 곳이라는 인상을 받음.

여수 아파트
리스트

여수 아파트
답사기

늦은 타이밍 그리고 포기

확신이 서지 않았을 경우를 대비해서 여수에 사는 지인을 만나 점심을 먹었다. 직장과 임대 투자, 두 마리 토끼를 잡은 지금 이 순간 내가 하려는 것을 이미 이루어놓은 분이었다. 여수에서 임대 투자를 하니, 내가 궁금해하던 정보도 얻을 수 있었다.

신기주공에 대해 물었더니 본인은 이미 보유하고 있다고 했다. 그리고 중요한 정보를 알려주었다. 예전에는 이보다 가격이 더 쌌었으며, 그때 임대 투자를 놓은 사람들이 팔고 나가고 있다는 것이다.

"임대 투자를 해서 평생 보유하는 것이 아니라 왜 팔고 나가는 거죠? 사고팔고 하면 귀찮지 않나요?"

"아파트가 쌀 때 사서 임대를 놓아 높은 임대수익률을 거두다가 아파트 가격이 올라가면 매매차익이 발생하지. 앞으로 벌고 뒤로 한 번 더 버는 셈이야. 그렇게 판 돈으로 다시 싼 곳을 사서 임대를 놓고 가격이 오르면 팔기를 반복하면서 더 높은 투자 수익률을 올리는 것이지."

"은행이나 스타벅스, 맥도날드가 장사로 돈을 벌다 나중에 부동산으로 돈을 더 버는 것과 마찬가지네요."

신기주공을 물어봤다가 오히려 임대 투자의 원리를 배우게 되었다. 실제로 아파트는 가격이 계속 오르다 노후화가 심해지면 가격이 하락하게 된다. 재건축이나 재개발이 되는 경우라면 노후화가 심해질수록 가격이 더 오르게 되나, 지방은 단가가 맞지 않아서 재건축이 쉽지 않았다. 지방에서 임대 투자는 매도할 수 있는 좋은 타이밍이 왔을 때

팔아버리는 편이 더 높은 수익을 올리는 방법이었다.

"펜션부지는 어떤가요?"

"작년에 나도 샅샅이 뒤져봤는데, 좋은 땅은 아직 좀 남아 있어. 그런데 부지 가격이 너무 오르는 바람에 그 가격에 사서 펜션을 지으면 적자를 보지 않을까? 여수에서도 펜션이 잘 안 되는 곳이 많아. 엑스포 때문에 너무 많이 지었거든."

몇 시간 정도 대화한 끝에 여수는 많이 올랐다는 결론이 났다. 주식에서도 이미 오른 주식을 사는 것은 매우 위험한 일이다. 싸게 사서 비싸게 판다는 내 투자 원칙과도 맞지 않았다.

여수 해안가를 한 바퀴 쭉 돌면서 남들 눈에는 들어오지 않는 것을 보았다. 이미 가격은 오르고, 수요는 정체되거나 줄고 있는 상황에서 새 주거지구가 몇 개나 생기고 있었다. 바다가 보이는 곳을 중심으로 크게 두 지구에 아파트가 지어지는 중이었고, 드문드문 새 아파트들도 짓고 있었다.

인구가 늘지 않는 동네에서 아파트가 지어지면 당연히 헌 아파트에서 새 아파트로 사람들이 이동하기 마련이다. 그럼 기존 아파트는 비워지게 되고, 전세나 월세가격도 하락할 수밖에 없다. 더욱이 새 아파트가 지어지면 헌 아파트는 매도하기 어렵다. 저금리시대라 이자부담도 적은데 굳이 헌 아파트를 살 이유가 없는 것이다. 지방이라 재건축도 어려워 잘못 투자하면 돈이 완전히 묶여버릴 수 있다. 결국 여수는 과감히 포기하기로 했다.

무작정 가본 지방 답사기 : 목포 편

목포에 왔으나 여기도 상황이 다르지 않았다. 내가 잠시 목포에 살던 시기에는 구시가지 아파트들은 헐값에 나왔었다. 정말 말도 안 되는 가격에 신도시 아파트들도 분양가 이하로 싸게 나왔었다. 그런데 4년 뒤에 다시 와보니 헐값이던 아파트는 가격이 2배 올랐고, 남악신도시 아파트들은 5,000만 원 넘게 올라버렸다. 목포는 인구수 대비 상권이 매우 큰 데다 신안군, 해남군, 진도군, 영암군 사람들이 들리는 곳으로 유동인구가 많아 장사가 잘된다. 인구밀도가 매우 높은 편이라 원룸, 아파트를 매입해서 월세를 놓으면 충분히 승산이 있는 곳이었다.

그러나 하당신도시가 지어지면서 구시가지 인구가 하당으로 이동했고, 전남도청이 있는 남악신도시가 생기면서 다시 남악으로 인구가 이동했다. 설상가상 조선업이 하향세를 걸으며 야반도주하는 하청업체가 늘었고, 조선소 인근 원룸은 원가보다도 싸게 나왔는데도 사는 사람이 없었다.

지방이라 원룸부지 가격은 싸면서도 월세는 낮지 않아 임대수익률이 곧잘 나올 듯싶었다. 이미 오른 아파트보다는 원룸사업이 좀 더 나을 것으로 보였으나, 남악신도시에 다중주택을 가장한 불법 원룸들이 난무했다. 하당신도시의 기존 원룸들은 낡기 시작하고, 새 원룸부지는 부족한 상황이었다. 여기에서도 투자하자니 확신이 들지 않았다. 이렇게 둘러보는 것으로 답사를 마치고, 집으로 올라가기로 했다.

목포에는 왜 펜션이 없을까?

옛날에 여수에는 펜션이 없었다. 순천과 여수는 같이 묶어 하루 여행지 정도였고, 인근 보성 녹차밭도 마찬가지였다. 이들을 묶어서 1박 2일로 여행한다고 하더라도 교통이 좋은 순천에서 머물렀다. 그러나 여수엑스포가 생겨 볼거리가 늘면서 여수 자체만으로 1박 2일 여행지가 되었고, 바다라는 이점까지 더해지면서 펜션이 갑자기 늘었다.

안타깝게도 목포나 군산도 바다를 끼고 있는데 펜션은 없다. 두 곳 모두 1박 2일로 관광하기에는 볼거리가 부족하기 때문이다. 볼거리가 풍족해서 이틀만 관광객을 묶어놓을 수 있다면, 바다를 끼고 있는 군산이나 목포는 펜션 장사가 잘될 것이다.

목포는 신안군 섬 여행을 가려면 반드시 거쳐야 하는 관문으로 유달산, 평화광장, 수많은 맛집이 있는 여행지다. 조금만 더 다듬으면 충분히 1박 2일 머물 수 있으리라 본다. 펜션을 지을 만한 땅이 적은 탓에 미리 선점해둔다면 차후 큰 수익을 안겨줄 투자가 될 수도 있다.

목포에서 별장이나 펜션을 지을 수 있는 곳은 많지 않다. 목포IC 인근에 한 곳이 있는데, 지인이 그곳에 별장을 지으면서 알게 되었다. 평평한 대지로 목포대교와 바다가 한눈에 보이고, 고속도로가 인접해 출퇴근이 유리하며(전남은 목포, 순천, 광주를 중심으로 출퇴근하는 경우가 많음), 목포 도심까지 차로 5분도 채 걸리지 않아 생활이 편리했다. 이미 아래쪽에는 부자들만 쓰는 프라이빗 별장단지도 조성되어 있었다.

대지가격은 평당 50만 원 선으로, 아직 알려지지 않은 탓인지 매우 싼 편이었다. 바다 조망이 괜찮은 곳은 조금 더 비쌌다. 충분히 승산이 있는 지역이라 바다가 보이는 카페를 하나 지으면 참 좋겠다는 생각이 들었다.

그러나 이제 임대사업을 시작하는 상황에서 언제 터질지 모르는 곳에 투자금을 집중할 수는 없는 노릇이었다. 다시 돈을 모아서 이 부지를 사는 날까지 제발 목포에 펜션 붐이 일어나지 않기를 바라며 집으로 돌아왔다.

결론은 애매한 수익률로는 차후에 생길 위험도(노후화, 원거리)를 고려해봤을 때 투자하기가 쉽지 않다는 것이다. 좀 더 가까운 곳에서 찾는 편이 여러모로 유리하다. 그런 의미에서 서울이나 수도권의 여력이 미치지 않는 지방은 가능성이 크다고 판단했다.

목포 펜션부지 답사기

요새 땅에 관한 정보를 찾아 전국을 둘러보고 있습니다.

여러 가지 용도의 땅이 있겠지만, 최근에는 펜션부지를 찾아보고 있는데요. 가평이나 양평은 끝물인 듯싶으니, 이제는 지방으로 눈을 돌려야겠죠.

KTX와 렌터카를 결합한 상품이 많이 나오기에 지방 펜션도 점차 번성하고 있습니다. 그중 가장 큰 수혜지역인 여수를 먼저 가보았죠.

KTX 여수엑스포역이 존재하고, 다도해 해상공원과 많은 볼거리 및 먹거리가 있는 여수는 몇 년 전과 다르게 많이 발전했습니다. 집값도 오르고 펜션도 늘어나면서 물가도 올랐네요.

여수를 둘러본 결과 발전의 가능성이 큰 데 반해, 투자하기에는 너무 가격이 많이 올랐다는 느낌입니다. 달리는 말에 타는 것을 추구하는 스타일이라면 도전해볼 만하지만, 저는 손실을 싫어하기에 저와는 맞지 않네요.

아직 오르기 직전인 곳이 좋습니다. 그래서 방향을 틀었죠.

여수보다는 상대적으로 저평가된 지역이 목표입니다. 당일치기 관광지가 아닌 1박 2일 관광지로 유명하고. 섬을 들어가기 전에 하루 묵어야 하는 곳이기도 하지요. 영화 〈명량〉의 흥행으로 해남 우수영과 진도 관광객이 늘면서 관광효과를 볼 수 있는 곳이기도 합니다.

작년 이맘때 펜션을 지을 만한 부지를 발견했는데요. 압해도와 압해대교가 보이는 위치입니다. 벌써 많은 전원주택과 별장이 들어오고 있습니다. 작년에는 거의 없었는데….

당시 가격은 평당 50만 원 선이었습니다. 지금은 많이 올라버렸네요.

교통도 목포IC와 인접해 접근성도 좋습니다.

조금만 서두를걸 하는 후회가 밀려오지만, 늦지 않았다고 봅니다. 인근에 부동

산이 별로 없고, 규모가 작아 투기꾼들 눈에는 아직 들어오지 않은 상태죠. 저도 우연히 지인 집을 방문하다 알게 된 곳이니까요.

이 펜션부지 바로 근처까지 2차선 도로라 교통이 좋은 편입니다. 약간 구릉지역이라 지대도 높고, 전망이 부지마다 계속 나오는 지형입니다.

'아일랜드 빌리지'라고 고급별장도 이 근처에 있습니다. 너무 예뻐서 찾아갔더니 경비원이 제지하더군요. 들어가지 못해서 사진도 찍지 못했습니다. 섬에 다리를 놓고, 섬 안에 고급별장과 잔디밭(미니골프장 추정)이 조성되어 있었습니다.

조용하니 경치가 한적해서 좋았습니다.

대략 100평은 되어야 건폐율 40%로 40평의 건물을 지을 수 있습니다. 용적률을 계산하면 대략 땅 100평에 건물 80평(10평×8룸).

땅은 평당 100만 원이라 예상하면 부지 매입비 1억 원, 건물 건축비 및 실내 인테리어 포함 평당 500만 원×80평=4억 원. 총투자비 5억 원−대출 2억 원=실투자비 3억 원 정도가 들 것으로 보입니다.

여기에 방 1개당 매출을 월간 80만 원(주말 8회×10만 원)으로 잡고, 연 960만 원×룸 8개=약 8,000만 원이면 8,000만 원−대출이자 1,000만 원−관리인 3,000만 원=실수입 4,000만 원이니 4,000만 원/3억 원×10=수익률 13%(세전) 정도가 나올 듯싶네요.

주말에만 방이 빠진다는 전제하에 보수적으로 잡았지만, 이 정도면 꽤 괜찮은 수익률이라고 생각합니다.

목포 펜션부지
답사기

02
급매+월세로
임대수익률 18% 내기

경매의 진실

임대수익률의 관건은 크게 두 가지다. 첫째는 얼마나 높은 월세를 받을 수 있는가? 옆집 월세가 40만 원인데, 내가 45만 원을 받기란 쉽지 않다. 옆집보다 그럴싸한 인테리어를 갖추려 한다면 인테리어비용이 추가되므로 오히려 월세가 올라 경쟁력이 떨어질 수도 있다.

둘째는 얼마나 집을 싸게 사는가? 월세를 더 받을 수 없을 경우 집을 싸게 사면 임대수익률이 높게 나온다. 1억 원에 집을 산 사람과 9,500만 원에 집을 산 사람의 임대수익률은 1.5%의 차이가 난다.

집을 싸게 사는 방법은 여러 가지가 있다. 집주인과 흥정하기, 집값이 쌀 때 사기, 급매로 사기, 향이나 층이 안 좋은 집을 사기, 경매로 사기 등이다. 그중에서도 경매는 옛날부터 공부하고 관심이 있었기에 좀 더 배워 경매로 대전에서 임대사업을 해보기로 했다. 대전에 있는 경매 동호회 회원이라 대전에 대한 부동산 정보가 많았고, 남들보다 빨리 얻었다. 그 당시만 해도 부동산 경기가 안 좋아 집을 사는 것을 꺼렸기 때문에 경매로 아파트를 싸게 살 수 있었다.

경매를 배우고 직접 임장을 다니면서 대전이라는 도시를 둘러보니, 기존에 알던 대전이 아닌 새로운 모습들이 눈에 들어왔다. 낡고 노후화되었지만 입지가 뛰어나 향후 어떤 호재가 터질 것 같은 구도심, 많은 빌딩이 한꺼번에 지어지면서 새로운 중심가가 될 것 같은 봉명동, 그냥 산과 밭으로 보이던 곳이 앞으로 개발될 수밖에 없는 노른자 땅 등 부동산을 보는 시야가 넓어졌다.

그런데 경매를 아무리 공부해도 근본적인 문제는 해결되지 않았다. 싸게 살 방법이 도저히 없는 것이다. 경매 붐이 일기 시작해 1억 원 이하 물건은 너도나도 쓰다 보니, 경매로 사는 것이 소용없었다. 5억 원 이상 물건에 손을 대야 그나마 한적하고, 운 좋으면 싸게 살 기회가 열렸다.

소형 아파트를 싸게 사서 비싸게 월세를 놓겠다는 전략을 이루기에 경매는 적합하지 않았다. 더욱이 경매 학원에서는 대전 사람들이 잘 모르는 외딴곳을 추천해주고, 월세가 잘 나온다고 사람들을 현혹해 투자하게 한 다음 대출을 소개해주면서 수수료를 챙겼다.

경매에 자신이 있으면 본인의 돈으로 사들이든가, 쩐주에게 빌려 투자하면 될 것이다. 얼마 안 되는 한 달 수업료를 받고 물건까지 낙찰받게 도와준다는 것이 도저히 이치에 맞지 않았다. 손쉽게 돈을 벌 수 있도록 알려주는 사람은 없다. 그저 자신이 새로운 길을 만들어야 그 길에서 수익이 나올 뿐이다. 경매로 임대사업을 해보려던 계획은 수포로 돌아갔고, 결국 새로운 방법을 찾아야 했다.

경매보다 급매

우선 생활권과 가까운 광역시인 대전에서 임대사업을 해보기로 했다. 대전의 주 직장은 둔산동의 정부청사와 그 위쪽의 연구단지, 그리고 신탄진과 동쪽의 공장들이었다. 즉, 소비력이 높은 사람들은 주로 둔산동에 살았고, 상권도 둔산동에 밀집되어 있었다. 둔산동의 아파트가 지은 지 20년이 넘으면서 새 아파트의 필요성이 느껴져 서쪽으로 도안신도시가 생기고, 유성온천역을 중심으로 상권이 들어섰다. 그러나 신시가지가 생겨도 직장과 업무 중심지는 둔산동인 탓에 둔산동의 입지는 흔들리지 않았다. 정부청사와 연구단지가 이전하지 않는 한 다른 광역시와 다르게 대전의 중심은 바뀌지 않을 것 같았다.

둔산동은 중심지인 만큼 월세도 비쌌다. 둔산동에 일자리가 있지만, 월급이 많지 않은 사람들은 월세가 싸면서도 둔산동과 가까운 집을 찾을 수밖에 없다. 대구로 치면 동성로 인근, 부산으로 치면 서면 인근은 언제든지 월세 수요가 넘친다. 광역시의 번화가는 출퇴근 시간에 교통이 상당히 막히므로 가까운 지역에 사는 것이 유리하기 때문이다.

그렇게 찾은 곳이 갈마동이다. 집값과의 차이가 크게 났으나, 월세의 차이는 그보다 덜했다. 수익률이 분명 날 것 같아서 경매로 물건을 확인하던 중 한 곳이 눈에 띄었다. 실제 매매가격을 알아보기 위해 아파트 인근 중개업소를 방문했다.

"어떻게 오셨나요?"

"커피 한잔 얻어먹으러 왔습니다. 실은 여기 19평이 경매로 나왔던데, 이걸 낙찰받아서 월세를 놓고 싶어서요. 얼마에 낙찰받아야 하나 싶어서 방문했습니다."

"몇 명이 벌써 왔다 갔어요. 시세를 묻더군요."

"시세가 얼마 정도 하나요?"

"소형 평수고 매물이 적어서 들쭉날쭉해요. 보통 8,000~8,500만 원 선입니다."

"어이쿠, 낙찰받으려면 8,300만 원은 써야 할 것 같은데…. 시세가 쌀 때 그냥 중개업소에서 사는 편이 낫겠네요."

"종종 놀러 와요. 좋은 물건 있으면 알려줄게요."

중개업소를 나와 아파트를 둘러보니 정감이 있었다. 놀이터에는 젊은 엄마들이 아이들과 놀고 있었고, 아파트 바로 밑에 버스정류장이 있어 교통이 편했다. 주변에 마트는 물론 조금만 내려가면 시장이 있었는데, 이쪽 인근 월세가 싼 탓인지 물가가 싼 편에 속했다. 경매로 받든 매매로 사든 직장에서 다닐 수 있는 거리기에 월세가 안 나가면 그냥 내가 살아도 될 것 같다는 생각이 들었다.

'그래. 이거 손해는 안 보겠다.'

1	2
3	

1. 도로가 인접
2. 최신식 놀이터
3. 넓은 주차공간

　다음 날 다시 중개업소를 찾았다. 어제는 커피를 얻어먹었으니, 오늘은 박카스를 사서 갔다. 사장님은 나를 보고 반색했다.

　"아이고, 뭐 이런 걸다. 젊은 청년이 부동산에 관심이 많구먼."

　"이 아파트 참 마음에 들어요. 경매든 매매든 싸게 나오면 무조건 사려고 다시 왔습니다."

"마침 싸게 나온 급매가 하나 있는데 보겠어요?"

"그래요? 가격은요?"

"7,780만 원, 어때요?"

"바로 갑시다."

평수 대비 가격이 싼 이유를 알 것 같았다. 19평인데 방 1개, 거실 1개였다. 구조가 나빴다. 보통 방이 2개 정도 나올 수 있는데, 구조가 참 안 좋았다. 그리고 향도 좋지 않았다. 하나는 남서향, 하나는 북동향이었다. 북동향은 전체 새시였으나, 남서향은 반창 새시여서 조망이 트이지 못했다.

다행인 점은 월세는 달랐다. 향이 안 좋다고 해서 월세가 할인되지는 않는다. 구조가 나빠도 둔산동 인근에서 가장 싼 월세 아파트였다. 혼자 살거나 둘이 살기에 그리 좁은 편은 아니었고, 원룸이나 다세대주택보다는 아파트가 편리한 점이 많아 분명 수요가 많을 것으로 판단했다.

"지금 사들일게요. 대신 좀 더 깎아주세요."

"해봅시다."

이 가격에 50만 원을 더 깎아서 계약하고, 한 달 뒤 잔금을 치르고 인수했다. 처음으로 내 집이 생겼다. 뿌듯했고, 뭉클했다. 감격에 겨워 여러 생각이 주마등처럼 스쳐 갔다. 나중에 알게 된 사실이지만, 그때 경매로 나온 물건은 8,300만 원에 낙찰되었다. 이런저런 비용을 생각하면 700만 원 정도 싸게 산 셈이다.

매입가	7,730만 원		매입가	7,150만 원
대출액	5,600만 원		대출액	5,000만 원
보증금	500만 원		보증금	500만 원
실투자금	1,630만 원		실투자금	1,650만 원
예상 월세	40만 원		예상 월세	37만 원
대출이자(3.5%)	16만 원		대출이자(3.5%)	14.5만 원
순이익	16만 원		순이익	22.5만 원
임대수익률	17%		임대수익률	16%
매각 후 연간 투자 수익률	46%		매각 후 연간 투자 수익률	41%
19평형 수익률 계산			17평형 수익률 계산	

사자마자 아무것도 안 하고 바로 월세를 놓아도 연 17%의 임대수익률이 나온다는 것은 매우 환상적인 일이다. 딱 6년 정도만 운영하면 투자금을 전액 회수하고, 그 이후부터는 매달 24만 원이 나오는 노다지 사업이기 때문이다. 이렇게 한 채, 한 채 늘리면 직장을 잃어도 꾸준한 수입이 들어오니 노후 걱정을 덜 수 있을 것 같았다.

기세를 몰아 이 단지에 나온 또 다른 집을 한 채 더 매수했다. 이미 세입자가 장기거주를 희망하는 집으로, 집주인이 딸 결혼자금 마련을 위해 내놓은 집이었다. 세입자를 따로 구할 일이 없고, 시세보다 월세를 조금 더 높게 받는 점이 아주 매력적이었다. 수익률은 첫 집보다는 낮지만, 이 둘을 인수하고 나니 현금흐름이 꽤 좋아졌다.

딱 2건의 매매, 실투자금 3,000만 원대 투자로 매달 50만 원에 가까운 현금이 들어오게 됐다. 만약 실투자금 3억 원 정도를 투자했다면 매달 500만 원이 들어왔을 것이다. 솔직히 여기서 만족하고 싶었으나, 절박한 직장인들에게 희망을 주기로 한 프로젝트이다 보니 멈출 수 없었다.

수익률을 극대화하는 방법은 리모델링으로 월세를 더 올려 받는 것이었다. 45일간의 리모델링을 통해 수익률을 18%로 끌어올릴 수 있었다. 수익률 면에서 큰 차이가 없었지만, 현금이 5만 원이나 더 들어오니 추가로 주택을 매입하지 않고도 매달 현금흐름이 더욱 좋아졌다.

차후에 이 두 아파트를 매각했는데 매각차익을 포함한 투자 수익률은 19평형이 연 46%, 17평형이 연 41%가 되었다. 이 아파트를 샀을 때나 팔았을 때나 단지 시세는 크게 변하지도 않았는데 말이다. 이렇듯 임대수익률을 끌어올리면 매매가 또한 올라가게 돼서 임대수익과 매각차익, 모두를 얻을 수 있다.

직접 세입자 구해서 복비 없애기

완성된 집은 누구에게 월세를 주기 싫을 정도로 정이 많이 갔다. 하지만 월세 프로젝트를 하기 위해서는 누군가에게 월세를 줘야만 했다. 리모델링을 할 때는 집을 완성하자는 생각만 하다가 리모델링이 끝날

때쯤에는 월세를 어떻게 원하는 가격으로 받을지 고민이 됐다.

'진짜 월세가 나가기는 할까? 혹시 내가 판단을 잘못해서 세입자를 못 구하는 것은 아닐까?'

아파트 상가의 중개업소에 가니 물건을 신청받고 원하는 가격을 말하라고 했다. 시세를 물으니 보증금 500만 원/월세 40만 원이라고 했다. 나는 보증금 500만 원/월세 45만 원을 받기를 원했다.

"리모델링까지 다 해서 집이 진짜 잘 나왔는데도 리모델링 전혀 하지 않은 집이랑 똑같이 받는다고요?"

"어쩔 수 없어요. 여기 시세가 그런걸. 인테리어에 1,500만 원 정도 쓴 집은 되어야 월세를 더 받지. 안 그러면 원하는 가격을 받기는 어려워요."

그래도 꿋꿋이 원하는 가격으로 월세를 내놓고 돌아간 후 고민에 빠졌다.

'괜히 꾸몄나? 이러나저러나 월세는 똑같은데 왜 굳이 돈 들이면서 고생하고⋯. 나는 무엇을 한 걸까?'

방법을 찾아야 했다. '급매로 싸게 집을 받고, 셀프 리모델링으로 집을 꾸며서 월세를 더 받는다. 그래서 임대수익률을 극대화한다. 이 방법을 사람들에게 널리 알린다. 성공시켜야 한다'는 생각에 좌절감도 뒤로하고 다시 힘을 불어넣었다.

'젊은 사람들은 귀찮은 것을 싫어한다. 예쁘게 수리를 끝마친 집이라면 월세를 좀 더 주고서라도 살 것이다. 이 전략은 반드시 먹힌다.'

부동산만 믿을 것이 아니라 월세 세입자를 직접 구해보기로 했다.

지역신문에 공고를 내는 방법도 있겠지만, 네이버에서 유명한 '피터팬의 방 구하기'라는 카페를 활용하기로 했다. 워낙 동시 접속자가 많은 곳으로, 지역신문에 돈을 주고 내는 것보다 효과적이라고 생각했다. 글을 올리는 데 드는 돈도 없으니 손해 볼 것도 없었다.

열심히 찍은 사진을 올리고 위치, 평수, 방의 개수, 조망, 향, 리모델링 사항 등을 상세하게 적었다. 반응은 빨리 왔다. 글을 올리자마자 그날 계약하고 싶다는 사람이 있었다. 계약금과 잔금을 못 주니 우선 살다가 주겠다는 연락이었다. 참, 무슨…. 인터넷이다 보니 어이없는 문의가 들어오나 싶었다. 다음 날 연락 온 사람은 신혼부부였다. 이 근처 투룸에 살고 있는데, 아이가 크다 보니 아무래도 아파트가 더 나을 것 같아 옮기고 싶다는 이야기였다. 그리고 집을 보고 싶다고 했다.

수리가 잘된 집이고, 옵션도 풍부하니 분명 보고 반할 것으로 예상했다. 아예 임대차계약서도 가지고 갔다. 내가 봐도 반할 것 같은 집인데, 다른 사람도 보고 나면 똑같을 것으로 확신했다.

집을 보고 부부는 잠시 생각해보겠다고 했다. 30분쯤 지났을까, 계약을 하겠다고 연락이 왔다. 즉석에서 계약금을 받고, 계약서를 작성했다. 그리고 열흘 뒤, 부부는 잔금을 치르고 입주했다.

태어나서 처음으로 임대차계약서를 직거래로 해봤다. 어떻게 쓰는지 관심도 없다가 직접 계약서를 쓰려다 보니 손이 떨렸다. 인터넷으로 계약서 양식을 구하느라 애도 먹었다. 쓰는 방법도 몰라서 인터넷을 보고 배웠다.

직거래로 세입자를 받은 덕분에 부동산 시세보다 더 비싸게 월세를 받을 수 있었다. 이때 나온 수익률이 연 18%가 넘었다.

'임대수익률이 연 20% 가까이 나온다면 5년 후에는 투자금이 전액 회수되고, 그 이후부터는 무자본으로 현금이 들어오는 셈이구나. 임대 사업에 올인해도 되겠다.'

이렇게 급매로 구한 집을 셀프 리모델링하고, 직접 세입자를 구해 수익률을 극대화하는 원스톱방식(턴키방식)의 투자 방법을 만들어냈다.

'이 방법을 널리 알려야겠다.'

연 18%의 수익률도 대단했지만, 프로젝트 특성상 이 한계를 뛰어넘어 보고 싶었다. 고수익을 올릴 수 있다는 점을 보여주면 임대 투자는 '저위험 고수익'이라는 최고의 투자 방법이 될 수 있었다.

'그런데 어떻게 더 수익률을 올리지?'

또 방법을 찾아야 했다. 늘 그렇듯이.

부 동 산 임 대 차 계 약 서

☐ 전세   ☑ 월세

임대인과 임차인 쌍방은 아래 표시 부동산에 관하여 다음 계약내용과 같이 임대차계약을 체결한다.

1.부동산의 표시

소 재 지	대전광역시 서구				
토 지	지　목	대 지	면 적		㎡
건 물	구조.용도	아 파 트 (주 거 용)	면 적		(공급면적) 63.24 ㎡
임대할부분	전체		면 적		(전용면적) 43.26 ㎡

2. 계약내용

제 1 조 (목적) 위 부동산의 임대차에 한하여 임대인과 임차인은 합의에 의하여 임차보증금 및 차임을 아래와 같이 지불하기로 한다.

보 증 금	금 천만원정(₩10,000,000)					㉑
계 약 금	금	(₩	) 은 계약시에 지불하고 영수함.			
중 도 금	금		원정은	년 월 일에 지불하며		
잔 금	금 천만원정은(₩10,000,000)은 2014년 9월 10일에 지불한다.					
차 임	금 사십만원정(₩400,000)은 (선불로) 매월 1일에 지불한다.					

제 2조 (존속기간) 임대인은 위 부동산을 임대차 목적대로 사용.수익할 수 있는 상태로 2014 년 6 월 1 일까지 임차인
　　　에게 인도하여, 임대차 기간은 인도일로부터 2016년 5 월 31 일까지로 한다.
제 3조 (용도변경 및 전대 등) 임차인은 임대인의 동의없이 위 부동산의 용도나 구조를 변경하거나 전대.임차권 양도 또는 담보제공을
　　　하지 못하며 임대차 목적 이외의 용도로 사용할 수 없다.
제 4조 (계약의 해지) 임차인이 계속하여 2회 이상 차임의 지급을 연체하거나 제3조를 위반하였을 때 임대인은 즉시 본 계약을 해지 할
　　　수 있다.
제 5조 (계약의 종료) 임대차계약이 종료된 경우에 임차인은 위 부동산을 원상으로 회복하여 임대인에게 반환한다. 이러한 경우 임대인
　　　은 보증금을 임차인에게 반환하고, 연체 임대료 또는 손해배상금이 있을 때는 이들을 제하고 그 잔액을 반환한다.
제 6조 (계약의 해제) 임차인이 임대인에게 중도금(중도금이 없을때는 잔금)을 지불하기 전까지, 임대인은 계약금의 배액을 상환하고,
　　　임차인은 계약금을 포기하고 본 계약을 해제할 수 있다.
제 7조 (채무불이행과 손해배상) 임대인 또는 임차인이 본 계약상의 내용에 대하여 불이행이 있을경우 그 상대방은 불이행한 자에
　　　대하여 서면으로 최고하고 계약을 해제 할 수 있다. 그리고 계약 당사자는 계약해제에 따른 손해배상을 각각 상대방에 대하여 청구
　　　할 수 있으며, 손해배상에 대하여 별도의 약정이 없는 한 계약금을 손해배상의 기준으로 본다.
제 8조 (중개수수료) 부동산중개업자는 임대인과 임차인이 본 계약을 불이행 함으로 인한 책임을지지 않는다. 또한, 중개수수료는 본
　　　계약체결과 동시에 계약 당사자 쌍방이 각각 지불하며, 중개업자의 고의나 과실없이 본 계약이 무효.취소 또는 해약되어도 중개수수
　　　료는 지급한다. 공동중개인 경우에 임대인과 임차인은 자신이 중개 의뢰한 중개업자에게 각각 중개수수료를 지급한다.(중개수수료는
　　　거래가액의 _0_%로 한다.)

특약사항　1. 옵션사항 (　　　　　　　)
　　　　　　　2. 은행계좌 (　　　　　　　)
　　　　　　　3. 월세납부일 매월 1일(선불)

　　　　　　　...
　　　　　　　...
　　　　　　　...

본 계약을 증명하기 위하여 계약 당사자가 이의 없음을 확인하고 각각 서명.날인한다.　　　　2014년　9월　10일

임대인	주 　 소							
	주민등록번호			전 화		성 명		㉑
	대리인	주소		주민등록번호		성 명		
임차인	주 　 소							
	주민등록번호			전 화		성 명		㉑
	대 리 인	주소		주민등록번호		성 명		
중개업자	사무소소재지							
	사 무 소 명 칭			㉑				㉑
	대 　 표							
	소속공인중개사							
	등 록 번 호		전 화			전 화		

※ 공인중개사의업무및부동산거래신고에관한법」 제25조 제3항의 규정에 의거 중개대상물 확인.설명서와
　 업무보증 관계증서(공제증서 등) 사본을 첨부하여 거래당사자와 쌍방에게 교부합니다. 2014년 9월 10일　　　KAR 한국공인중개사협회
※ 임대인, 임차인 및 중개업자는 매장마다 간인하여야 하며, 각 1통씩 보관합니다.

임대차계약서
다운로드

임대수익률을 올리는 여러 가지 방법

임대수익률을 올리는 방법은 여러 가지 있다. 첫째, 집을 싸게 사는 것이다. 싸게 사면 남들처럼 똑같은 월세를 받아도 임대수익률이 올라간다. 반대로 남들과 똑같은 가격에 집을 팔아도 더 많은 매각차익을 낼 수 있다.

둘째, 기타비용을 줄이기 위해 직접 처리하는 것이다. 직접 집을 사서 매매계약을 하고, 세입자를 직접 구해서 임대차계약서를 작성하면 중개수수료를 줄일 수 있다. 의외로 집을 사는 방법은 단순하다. 살 사람을 구하고, 둘이 만나 계약서를 쓴다. 매수인은 계약서를 들고 은행에 가서 대출을 신청하고, 매도자는 구청에서 실거래가신고를 한다. 잔금날 잔액을 지급하고, 매도인에게 집문서와 인감서류 등을 받아 은행에서 나온 법무사에게 맡기면 끝난다. 집에 따라 다르지만, 몇십만 원에서 몇백만 원까지 줄일 수 있다.

직접 인테리어를 하는 방법도 있다. 인테리어를 직접 하면 디테일한 부분은 아쉬울 수 있지만, 비용 면에서 크게 절감된다. 앞서 설명했던 19평 아파트도 셀프 인테리어를 통해 300만 원이 되지 않는 돈으로 욕실, 도배, 싱크대, 조명, 에어컨까지 새로 했다. 인테리어업체를 거쳤으면 최소 2배 이상의 비용을 지불했을 것이다.

셋째, 남들보다 월세를 더 받는 것이다. 집을 싸게 사는 데도 한계가 있고, 비용절감도 한계가 있다. 월세를 올려 받는 것이 어렵다고 말하지만, 방법을 찾아보면 그리 어렵지 않다. 어떻게 하느냐에 따라서 무한한 가능성이 있다. 예를 들어 해운대의 바다가 내려다보이는 초고층 주상복합을 월세로 돌리면 월 500만 원을 벌 수 있다. 반면 에어비앤비처럼 활용한다면 호텔 시세의 70~80% 정도로 비수기 하루 30만 원, 성수기 하루 70만 원으로 세를 놓을 수 있다. 그렇게 되면 공실을 생각하더라도 월세는 2배가 되고, 수익률은 대출을 활용했기에 3배 이상 올라가게 된다. 이 방법은 다음 번 프로젝트로 생각하고 있다.

19평 아파트를 월세로 놓아 성공한 후, 높은 수익률을 찾느라 몇 달이 더 걸렸다. 인테리어 장비들을 매입한 터라 인테리어가 가능한 노후 아파트를 중심으로 대전 곳곳을 계속 찾아다녔다. 신도시 1세대 아파트들이 20년을 넘어가면서 인근 새 아파트와 헌 아파트의 가격이 2배 이상 차이가 났다. 그런데 월세는 별로 차이가 나지 않았다.

새 아파트를 매수해서는 아무리 잘해도 임대수익률이 8%를 넘기지 못했다. 여기에 중개수수료, 청소비, 수리비를 더하면 임대수익률은 더 떨어졌다. 그래서 어쩔 수 없이 노후 아파트지만 중심업무 지역에 위치해서 월세 수요가 풍부한 곳을 중심으로 발품을 팔게 되었다.

03
저비용 고효율
셀프 리모델링

이걸 내가 어떻게 하지?

좀 더 싸게 아파트를 매수했다고 해서 고민이 모두 해결된 것은 아니었다. 우선 집이 너무 노후화된 느낌이었다. 낡은 벽지, 낡은 싱크대, 욕실을 보면 나조차도 살고 싶은 마음이 들지 않았다. 도배를 새로 한다고 해도 싱크대랑 욕실을 바꿔야 집이 좀 달라 보일 것 같았다. 하지만 비용이 올라가면 싸게 사서 월세를 놓은 보람이 사라진다.

되도록 월세를 더 받아서 수익률을 극대화하고 싶었다. 이 프로젝트를 통해 남들은 엄두도 내지 못하는 것을 나는 충분히 해낼 수 있음을 보여줘야 한다. 그러려면 실험 정신이 필요했다. 최소 비용으로 집을 리모델링하고, 월세를 최대한 받아서 임대수익률을 극대화해보자고 다짐했다.

내가 바로 월세를 놓을 줄 알았던 중개업소는 월세를 45만 원 받아 보겠다고 하자 고개를 내저었다. 1,000만 원을 들여 인테리어한 집은 그 정도 받을 수 있으나, 그렇게 투자하면 오히려 손해라고 했다.

1,000만 원을 투자해서 월세를 5만 원 더 받으면 수익률이 6% 올라가는 것이다. 그냥 월세를 놓아도 수익률이 10%가 넘는데, 굳이 낮은 수익률에 투자할 필요는 없다. 맞는 이야기다. 하지만 인테리어 업체에 맡겨서 인테리어비용이 높게 나온 것뿐이다.

1. 낡은 벽지
2. 낡은 화장실
3. 낡은 싱크대

인건비를 줄일 수만 있다면

'직접 리모델링을 한다면 자재비만으로도 가능하지 않을까?'

번뜩이는 이 아이디어로 나는 2년 정도 고생 아닌 고생을 했다. 자재비만으로 셀프 인테리어를 하고, 임대수익률을 극대화한다는 전략은 각오가 단단히 필요했다.

'어차피 내 집이니까 내 마음대로 해도 뭐라고 할 사람도 없다. 한번 해보자.'

방향은 정해졌다. 인테리어 따위 해본 적도 없고 어떻게 하는지도 모르지만, 내 집에 내가 하겠다는데 뭐라고 할 사람도 없으니 용기를 낼 수 있었다.

'까짓것, 월세 안 나가면 내가 살면 되는 거니까!'

이렇게 마음먹은 순간부터 장애물에 부딪혔다. 인테리어를 어떻게 하는지 진짜 몰랐기 때문이다. 우선 곳곳에 사진을 찍고, 집 도면을 보면서 각 방 길이와 높이를 쟀다. 도배가 가장 기본이었으므로 도배에 필요한 도배지 장수와 높이를 알아야 벽지가 모자라지 않는다.

▲ 도면 측정하기

셀프 리모델링 실전 노하우

해야 할 곳을 살펴보니 도배, 바닥 몰딩, 베란다 도색, 천장 빨래건 조대 설치, 싱크대 리폼, 환기후드 교체, 문고리 교체, 도어락 설치, 욕실 리모델링, 콘센트 교체 등 손볼 곳이 많았다. 다행히 자재들은 비싸지 않았다. 나 하나만 고생하면 되는 일이니, 적은 돈으로도 집이 완전히 바뀔 것 같아 설렜다. 우선 리모델링 기술이 없었기에 스마트 폰으로 블로그를 보면서 하나씩 따라 해보기로 했다.

콘센트 교체하기

낡은 콘센트는 집의 미관을 망친다. 콘센트 교체는 비교적 쉬우면서도 집 안을 깔끔하게 잡아주기 때문에 반드시 하는 편이 좋다. 교체하기 전에 누전차단기를 내려야 하므로 낮에 작업하자. 밤에 작업하면 스마트폰 플래시나 손전등을 이용해야 하는데, 빈집에 불 끄고 있으면 솔직히 좀 무섭다. 그래서 나는 낮에 한다.

콘센트 뚜껑을 과감히 떼어내고, 드라이버로 볼트를 풀면 콘센트가 쏙 빠진다. 빨강, 노랑, 흰색 선이 어디에 꽂혀 있는지 사진을 찍어두고, 전선을 뽑아 새 콘센트에 꽂는다. 그리고 다시 집어넣은 뒤 뚜껑을 덮어 드라이버로 조인다. 마지막 사진을 보면 헌 콘센트를 새 콘센트로 교체하는 것만으로도 집 안 분위기가 얼마나 차이 나는지 알 수 있다. 여기서 힘든 점은 전선을 뽑는 것이다. 오래된 집일수록 고무가 굳어 잘 안 빠진다. 힘이 많이 드는 작업이다. 그래도 일자 및 십자드라이버만으로 할 수 있기에 공구비가 들지 않는다.

| 1 | 2 | 3 |
| 4 | 5 | |

콘센트 교체 과정

도배하기

리모델링을 하면서 가장 힘든 작업이 도배였다. 천장과 벽면을 도배하기로 해서 폭과 높이를 잰 후, 인터넷에 풀 바른 벽지를 주문했다. 풀 바른 벽지는 이미 풀이 발라져 오기 때문에 도착해서 3일 이내로 붙여야 잘 붙는다. 처음에는 콘센트가 없는 완전히 평평한 벽만 하다 보니 쉽다고 생각했다. 하지만 콘센트나 전등이 있는 부분을 만나면 마치 큰 장애물에 부딪힌 것 같은 기분이 들었다.

도배지를 붙이다 콘센트를 만나면 먼저 그 부분의 도배지를 살짝 덮고 X자로 칼을 긋고서 헤라로 도배지를 자른다. 풀이 묻어 도배지가 잘 안 잘릴 수 있는데, 계속 칼을 부러뜨려 예리한 상태를 유지해주면 쉽게 잘 잘린다.

천장 도배는 전등을 뗀 상태에서 해야 한다. 전등을 떼면 집이 어두우므로 낮에 해야 하는 작업이다. 천장부터 도배해야 해가 저물어도 하루 안에 작업을 끝낼 수 있다. 처음 하는 도배이다 보니 아버지와 둘이서 19평짜리 집을 하는 데 12시간이 걸렸다. 그런데 도배는 시간이 지날수록 기술이 늘고 속도도 빨라진다. 나중에 셰어하우스를 도배할 때는 속도가 2배는 빨라져, 혼자서 벽과 천장까지 할 수 있는 수준에 이르렀다. 물론 도배는 둘이서 해야 능률이 더 오른다.

도배지는 합지와 실크지, 두 가지로 나뉜다. 기존 도배가 합지로 되어 있으면 그 상태에 합지나 실크지를 덧씌워서 해도 된다. 하지만 실크지라면 떼어내 초배지를 붙이고, 다시 도배해야 해서 시간이 곱절

로 든다. 또한, 실크지끼리는 겹쳐지지 않으므로 실크지로 도배할 때
는 주의를 기울여야 한다. 요새는 합지도 디자인과 색이 다양하고 값
이 싸기에 되도록 합지로 도배하는 편이 좋다.

1. 풀 바른 도배지를 크기별로 분류한다.
2. 한쪽 끝을 붙이고, 헤라나 솔을 이용해서
   쭉쭉 밀어가며 붙인다.
3. 도배지가 길어 튀어나오면 칼로 잘라내서
   마무리한다.
4. 걸레받이를 붙여 미관을 장식하거나 바닥
   몰딩을 붙인다.

싱크대 리폼하기

싱크대는 이 집이 새집인지 헌 집처럼 보이는지 판단하게 하는 주요 요소다. 싱크대만 바꾸어도 집이 확 달라진다. 그런데 요새 유행하는 하이그로시 싱크대로 교체하려면 사진에 나온 크기로는 100만 원가량 든다. 싱크대를 교체하면 예쁜 것은 알지만, 그렇다고 너무 많은 돈을 들일 수는 없기에 시트지를 활용해 리폼을 해보았다.

우선 문짝을 모두 탈거하고 손잡이와 경첩을 떼어낸 뒤, 시트지를 재단해서 붙인다. 이때 헤라를 써서 기포가 생기지 않도록 한다. 손잡이를 새것으로 교체하고, 경첩을 끼워 원위치로 조립한다. 환기후드도 떼어내고 새로 갈아준다.

환기후드는 7만 원, 시트지는 10만 원, 문고리는 1만 원 정도 한다. 사진처럼 리폼하는 데 총 20만 원이 들지 않았는데도 집이 산뜻해졌다. 벽면도 원래는 타일이었는데, 타일을 다시 붙이려면 타일공 일당과 타일 가격만 30만 원가량 나온다. 이러면 차라리 싱크대를 새로 사는 편이 나을 수도 있다. 그래서 과감히 밝은 톤의 시트지로 붙여버렸다. 타일 붙이는 기술이 부족해도 리폼하는 데 아무런 문제없다.

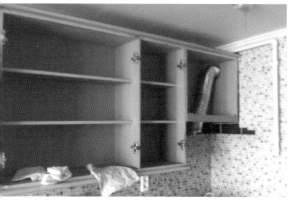

1. 리폼 전
2. 문짝 탈거
3. 경첩 탈거
4. 시트지 재단

1		
2		3
4		

5. 환기후드 교체
6. 벽면 시트지 부착
7. 리폼 후

도어락 설치하기

 도어락만 설치할 경우 10~15만 원 정도 주고 열쇠가게에 맡기는 것이 가장 편리하다. 전문가라서 오차 없이 구멍을 뚫고, 설치하는 시간도 짧다. 인터넷으로 직접 사서 해보니 5만 원 정도 들었다. 대신 작업시간은 2시간가량 걸렸다. 철문에 구멍을 뚫기 위해서는 전동드릴과 철 관통용 심이 필요하다. 설명서대로 정확한 위치에 구멍을 뚫고 볼트만 박는다면 큰 문제없이 설치가 가능하다.

1. 인터넷으로 주문하면 저렴하나, 직접 설치해야 한다.
  설명서를 잘 읽어보자.
2. 문을 열고 드릴로 나사를 풀면 보조키가 떨어진다.
3. 안쪽의 볼트를 모두 제거한다.
4. 완전 탈거 후, 설명서대로 드릴로 구멍을 뚫고 볼트로
  고정하면 완성된다.

1	2
3	4

문고리 바꿔 달기

　문고리 가격은 개당 2만 원 정도로, 한 집당 10만 원가량 든다고 보면 된다. 설명서대로 하면 간단하다. 주의할 점은 OUT과 IN 표시에 유의해서 심을 설치하고, 완성 전에 절대 문을 닫지 않도록 한다. 심만 박힌 상태에서 문을 닫으면 자칫 문을 부셔야 하는 상황이 올 수 있다.

1. 기존 문고리를 드라이버로 해체한다.
2. 해체한 것은 버리고, 새것을 준비한다.
3. 심을 먼저 박고 문고리를 설치한다. 단, OUT과 IN 표시에 유의한다.
4. 문고리가 완성되기 전에는 절대 문을 닫지 않는다.

| 1 | 2 |
| 3 | 4 |

45일 만에 셀프 리모델링을 완성하다

한 달 넘게 리모델링을 하느라 정말 힘들었다. 평일에는 퇴근하고 작업하느라 밤늦게까지 매달리기 일쑤였고, 옆집에 피해주지 않고 조용히 작업해야 해서 그마저도 할 수 있는 것이 별로 없었다. 조금 하다 보면 금세 자정이 돼서 능률도 오르지 않았다. 주말에는 모처럼 하루 종일 작업할 수 있어서 좋긴 했지만, 온종일 작업하다 보면 팔에 힘도 빠지고 쉬이 지쳤다. 옷에 페인트나 먼지가 묻는가 하면, 황금 같은 휴일을 리모델링을 하는 데 오롯이 바쳐야만 했다.

그래도 이것저것을 하다 보니 45일 만에 집이 완성되었다. 욕실도 직접 리모델링을 하려고 변기와 세면대를 뜯어내는 작업까지 했으나, 타일 시공은 자신이 없었다. 그래서 욕실만 업체에 170만 원을 주고 맡겼다.

싱크대는 문고리 교체, 시트지 리폼, 환기후드 교체를 하니 15만 원 미만으로 들었다. 도배는 도배지만 사서 직접 했다. 흰 벽지라 걸레받이까지 사도 20만 원을 넘지 않았다.

문고리 교체, 도어락 설치, 조명 풀교체, 베란다 도색, 빨래건조대 교체, 콘센트 교체, 에어컨 설치 등을 모두 합해도 300만 원이 채 나오지 않았다. 덕분에 저렴한 비용으로 새집처럼 리모델링을 할 수 있었다.

1	
2	3

1. 싱크대
2. 거실
3. 욕실

비용 내역	욕실 170만 원
	도배 20만 원
	에어컨 35만 원
	조명 15만 원
	콘센트 10만 원
	문고리+도어락 15만 원
	페인트 도색 10만 원
	빨래건조대 5만 원
	싱크대 리폼 15만 원
총비용	295만 원

셰어하우스
A to Z

셀프 인테리어로 갭 투자하기

한창 전국 각지에서 갭 투자라는 것이 유행하고 있었다. 전세를 끼고 집을 사서 전세가가 오르면 투자금을 회수하고, 나중에 집 가격이 어느 정도 오르면 집을 팔아 이익을 내는 투자 방법이다. 소액으로 아파트를 여러 채 투자할 수 있다는 것이 장점이다.

여러 채에 투자할 목적은 아니었다. 전세가가 낮은 아파트를 매입한 후 인테리어를 싹 해서 비싼 가격에 전세를 놓으면 갭 투자로 승산이 있을까 싶어 대전에서 수요가 풍부하고, 전세가율이 높으며, 연식이 10년도 되지 않은 아파트를 찾게 되었다. 전세가와 매매가의 차이가 5,000만 원도 되지 않았다. 이 일대에서 가장 작은 평수인 29평에 보너스로 7평 다락방이 있는 매력적인 집이었다.

대전에서 셰어하우스를 하려면 낡은 아파트를 사서 올리모델링을 해야 했기에 인테리어 기술을 늘릴 필요가 있었다. 그러던 차에 구한 이 집은 투자는 물론 연습용으로 제격이었다. 그래서 기존에 하지 않았던 기술들을 연습했다. 먼저 기존 장판을 제거하고, 새로 장판을 주문해서 시공했다. 색상은 밝은 회색으로 골랐다. 먼지가 잘 보여서 자주 청소를 해줘야 한다는 단점이 있지만, 밝아서 집이 환해 보였다.

장판은 자재도 비싼 데다 인건비도 만만치 않게 비싸다. 도배할 때 같이 해야 그나마 싼데, 총비용에서 재료비는 4분의 1밖에 되지 않았다. 어쩔 수 없이 직접 해야 했다. 인터넷에서 색감이 좋은 장판을 고르고, 본드도 같이 주문했다. 두꺼운 커터칼과 줄자, 칼심, 펜, 긴 자만 있으면 누구나 장판 시공이 가능하다.

| 1 |
| 2 |
| 3 |

1. 장판 제거
2. 장판 재단
3. 본드 시공

세어하우스 힐링
http://shareheeling.com

장판 시공을 하면서 가장 어려운 점은 장판이 엄청나게 무겁다는 것이다. 남자 혼자서는 무리일 정도로 최소 남자 2명이서 함께 하기를 추천한다. 방법은 간단하다. 기존의 장판을 다 뜯어내서 버린 후, 새 장판을 쭉 펼쳐서 길이에 맞게 자르고 본드를 발라 붙인다.

하루가 지나면 장판이 바닥에 잘 붙는다. 정확히 길이를 재단한 후 0.5cm 정도의 여유를 주고 잘라야 나중에 틈이 생기지 않는다. 만약 모서리에 틈이 벌어졌어도 걸레받이 시공을 하면 그 틈을 가릴 수 있다.

걸레받이 시공은 2만 원짜리 만능 톱세트와 전용 실리콘만 있으면 작업이 가능하다. 먼저 적당한 길이의 걸레받이를 고른다. 걸레받이는 흰색이 회색 장판과 잘 어울린다. 이 집의 경우 원목 색깔에 맞춰 나무색 걸레받이로 시공했다가 나중에 집 전체를 필름 시공을 하면서 흰색이 되었다. 처음부터 흰색으로 샀으면 고생을 줄일 수 있었는데, 시행착오였다.

보통 도배 시 걸레받이 시공을 맡기면 30만 원 정도 부른다. 하지만 내가 사서 하면 10만 원이 넘지 않는다. 작업 난도도 낮고, 시간도 얼마 걸리지 않는 작업이라 직접 자르고 붙였다. 다 해서 보니 역시 걸레받이가 있는 것이 없는 것보다 훨씬 예뻤다.

1. 톱으로 재단한다.
2. 자른 조각을 벽에 가지런히 놓는다.
3. 걸레받이 전용 실리콘을 준비한다.
4. 실리콘을 지그재그 모양으로 바른다.
5. 굳기 전에 벽에 붙인다.
6. 하루가 지나면 완벽히 굳는다.

세어하우스 힐링
http://shareheeling.com

이 집의 인테리어에서 가장 큰 문제였던 부분은 낡고 때가 낀 새시였다. 벗겨지거나 먼지가 껴서 보기만 해도 낡은 집이라는 느낌을 받았다. 방문, 신발장, 아트월 모두 낡았다는 느낌을 물씬 풍겼다. 그렇다고 1,000만 원이 넘는 돈을 주고 새시를 교체할 수는 없었다. 그렇게 돈을 들이면 갭 투자는 물론 이익이 날 수 없다.

나는 가장 저렴하면서도 집을 환하게 바꾸는 필름 시공을 해보기로 했다. 여유 있게 작업하느라 대략 2주가 걸렸다. 퇴근 후와 주말에 틈틈이 하다 보니 진척은 느렸지만, 하나하나 하다 보니 어느덧 필름 시공이 완성되었다.

필름은 두꺼운 것을 써야 기포가 생기지 않고 작업이 수월하다. 정확히 재단하고 자른 후 헤라로 기포가 생기지 않게 붙인다. 그리고 다시 깔끔하게 칼로 자르면 필름 시공이 완성된다. 필름이 뜨는 부분은 드라이어로 열을 주면 완벽하게 녹아 붙는다.

이렇게 도배, 장판, 필름 시공, 문고리 교체 등을 해서 든 비용은 100만 원이 되지 않는다. 그에 반해 전세가격은 2,000만 원이 올랐다. 집이 예뻐지니까 복층 다락방이 시너지로 다가왔다. 현재는 예전 매매가만큼 전세가격이 올라 투자금을 전액 회수했다.

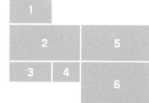

인테리어를 배우는 방법 1, 2, 3

1. 인테리어 학원 다니기

인테리어를 제대로 해보고 싶다면 인테리어 학원을 다니는 것을 추천한다. 도배학원, 목공학원 등 주변에 찾아보면 많이 있다. 비용이 부담된다면 동호회나 평생교육원을 찾아 배우는 것도 하나의 방법이다.

2. 책을 사서 따라 해보기

학원을 다닐 시간이 없다면 책을 사서 인테리어를 배워볼 수도 있다. 디테일하게 배울 수는 없겠지만, 시간이나 비용 면에서는 효율적이다. 실습할 곳이 없다는 것이 단점인데, 자신이 살고 있는 집을 대상으로 시도해본다. 집도 예뻐지고, 기술도 느는 일석이조의 효과를 경험할 수 있다. 단, 너무 거하게 할 경우 주변의 따가운 눈총을 덤으로 얻을 수 있으니 주의할 것.

3. 블로그 보고 따라 하기

책을 살 돈도 아깝다고 생각되면 블로그를 보고 따라 해보는 것도 하나의 방법이다. 불필요한 과정이 생략되어 있고, 검색하는 데 시간이 소요되어 여러모로 다소 부족할 수도 있다. 하지만 시공 중일 때 궁금한 점을 검색하면 바로바로 해답을 얻을 수 있다.

▪ 인테리어용품 싸게 사는 법

오픈마켓으로 상품을 찾는다.
발견하면 판매자에게 직접 전화를 건다.
대량으로 주문하겠다고 말하고 가격 협상을 한다.
성공하면 인터넷보다 싸게 살 수 있다.
실패하면 다른 곳에 전화를 건다.
다 실패하면 인터넷으로 주문한다.

* 주의 : 오픈마켓에 특판으로 나온 가구 중에는 지정
사이트 외에 따로 판매가 불가능한 곳도 있다.

PART 2.

셰어하우스를
시작하다

세종시 1호점 이야기

임대수익률 200%
세종시 2·3호점 이야기

임대수익률 25%
대전 1·2호점 이야기

저렴한
인테리어 물품 구입처

PART 2.

01

셰어하우스란?

한집에 여러 명이 함께 사는 주거방식. 개인 방(공간)을 쓰면서 부엌, 거실, 욕실은 공유한다. 혼자 사는 것보다 집세가 저렴하며, 적은 돈으로 좋은 집에 살 수 있다.

02

셰어하우스의 연령대?

자취해야 하는 대학생과 이제 막 직장생활을 시작한 사회초년생이 가장 많다. 20~30대 초반이 주를 이룬다. 이들의 특징은 금전적 여유가 없고, 젊다는 점이다.

03

셰어하우스는 주로 어디에?

대부분의 셰어하우스는 서울에 있다. 월세가 비싼 곳일수록, 대학가일수록 셰어하우스가 더 많이 존재한다. 최근에는 부산, 대전, 세종 등에도 늘어나는 추세다.

04

셰어하우스의 철학

제주도 게스트 하우스를 떠올려보자. 여행자들이 모여 바비큐 파티를 하면서 서로의 감상을 공유하듯 인생을 여행하는 나그네들이 일상을 공유하는 개념에서 시작됐다.

셰어하우스
A to Z

05

왜 셰어하우스가 트렌드가 됐을까?

외국에 살아본 경험이 있는 유학생들의 영향, 한없이 치솟는 월세, 대중매체에 소개된 셰어하우스의 모습, 외로움을 견디기 위한 저항, 공유문화의 발달이 원인으로 보인다.

06

셰어하우스의 형태?

한옥이나 그 밖의 건물을 개조. 외국인, 성별, 취미 등 특성을 고려해 입주자들을 선정한다. 가격은 1인실이냐 2인실이냐에 따라 다르게 책정된다.

07

셰어하우스의 장점?

원룸보다 저렴한 월세로 넓은 거실과 부엌을 이용할 수 있다. 택배 보관도 되고, 무엇보다 혼자 살아도 외롭지 않다는 장점이 있다.

08

셰어하우스의 특별한 점?

취미를 주제로 모인 집이라면 자연스레 친해질 수 있다. 일반 집과 다르게 6개월 단위 기수로 모집하며 각종 이벤트를 진행한다.

01
세종시 1호점
이야기

월세를 2배로 올려주는 셰어하우스 투자

우리나라에 셰어하우스가 생긴 지 1년도 안 되었을 무렵, TV에서 셰어하우스를 주제로 하는 방송이 인기를 탔다. 나는 그 장면을 보면서 무릎을 딱 쳤다.

"이거다!"

집 하나를 한 명에게 주는 것보다 여러 명에게 나눠서 주면 수익이 더 늘어난다. 경제원리로 치면 도매로 사서 소매로 파는 원리와 같다. 젊은 사람이 빌리기 어려운 넓은 평수의 아파트나 주택을 빌린 뒤, 방별로 또는 침대별로 쪼개서 팔아 더 높은 임대료를 받는 사업이었다. 세입자들은 저렴한 월세를 내고, 집주인은 더 높은 임대수익률이 발생하니 서로에게 좋은 방법이었다.

'설마 나보다 먼저 이 사업을 하는 사람이 있을까?'

이미 모 업체는 1년 만에 20호점을 열 정도로 빠르게 시장을 장악했고, 부산에서도 대학가를 중심으로 생겨나고 있었다.

'그런데 이게 정말 되는 사업일까?'

머릿속으로 계산기를 두드려보았다. 가장 대표적인 업체의 한 지점을 보면 1인실은 55만 원, 2인실은 37만 원, 3인실은 33만 원 등으로 월세 합이 350만 원 정도 되었다. 하지만 이 집을 혼자서 빌릴 경우 월세는 200만 원도 되지 않았다.

'생각보다는 월세가 싸지 않네? 그런데 왜 만실이지?'

가장 큰 이유는 적은 보증금과 짧은 계약 기간이었다. 보통 서울의 원룸을 그 정도 월세로 받으려면 최소 1,000만 원은 필요했다. 그런데 안전하면서도 편의시설이 밀집된 아파트를 보증금 50~100만 원만으로 살 수 있으니, 세입자들한테는 최적의 조건이었다. 게다가 6개월 단위의 계약 기간은 최소 1년 이상을 요구하는 임대시장에서 희소성이 있었다. 인턴이나 비정규직으로 일하는 사람에게 1년 또는 2년의 월세계약은 부담이기 때문이다. 단기계약을 하려면 환경이 열악한 고시원으로 갈 수밖에 없던 젊은이들에게 셰어하우스는 꽤 매력적인 대안이었다.

"무조건 해보자."

그렇다면 어디에 차릴까? 셰어하우스는 솔직히 서울에서 차리는 것이 가장 유리하다. 대학가에서 자취하는 학생들, 유학생들, 수많은 오피스와 사무실에 근무하는 사회초년생들, 그리고 엄청난 유동성과 편리한 교통. 이 모든 것을 생각하면 서울 아무 데서나 차려도 지방의 좋은 곳에 차리는 것보다 더 유리하다.

그러나 셰어하우스는 집만 사면 끝인 사업이 아니라, 입주자와 끊임없이 소통하면서 관리해야 하는 사업이다. 내가 사는 곳과 멀면 한 번이라도 덜 갈 수밖에 없고, 그렇게 되면 입주자들과 멀어질 수밖에 없다. 결국 누구나 따라 할 수 있는 프로젝트를 위해 집 근처에서 시작해보기로 했다.

어디에 차릴까?

대전은 평범한 광역시로 충남대, 한남대, 카이스트 등 대학교가 있었고, 연구원과 공무원의 비율이 높은 곳이다. 대학생이 비교적 많다는 점은 셰어하우스를 차리기에 적합했다. 반면 프리랜서와 인턴비율이 적고, 보수적인 분위기로 셰어하우스에 대한 거부감이 있을 것이라는 점이 부적합했다. 물론 예상은 빗나갔다. 연구단지 효과로 직장인 중에도 외지에서 온 사람이 꽤 많았다. 1군 직장에서 근무하는 사람들은 기업에서 제공하는 숙소가 있었지만, 하청업체로 불리는 2군 직장에서 근무하는 사람들, 인턴들은 숙소가 제공되지 않았다. 특히 단기계약직으로 근무하는 사람들의 숙소는 구하기가 하늘의 별 따기였다.

세종시는 정부청사 직원이 주를 이루고, 신도시 내 대학교가 없어 대학생 수요가 없다는 점은 치명적인 단점이었다. 게다가 아직은 텅 빈 도시로 월세도 너무 저렴했다. 주변 도시형 생활주택 월세가 20만 원인 곳도 있던 시절이었다. 그러나 정부청사 관련 단기 계약직, 국책 연구기관의 대규모 3개월 인턴고용, 기러기 생활을 하는 다수의 공무원, 신도시 내 원룸건설 금지 등으로 호재도 많았기에 한번 해볼 만한 곳이라는 판단이 들었다.

결론

우선 테스트 차원에서 비용부담이 적게 드는 세종시를 택했다. 새 아파트이다 보니 인테리어 부담과 비용이 줄고, 내가 살아도 되는 집 이라 실패해도 손실이 없었다. 우선 세종시에서 테스트로 해보고 인테리어와 운영 노하우를 쌓은 뒤, 대전에도 시도해보기로 했다.

숙소에 카페를 더하다

누군가와 같이 산다는 것은 불편한 일이다. 이 점이 셰어하우스의 약점이면서 강점이다. 같이 살기에 좋은 집에서 저렴한 월세로 살 수 있고, 사생활 보호가 다소 떨어지기에 오히려 새로운 친구를 사귈 수 있다. 그래서 방마다 열쇠를 주지 않았다. 일부러 열쇠가 없는 문고리로 바꾸었다. 같이 사는 집에 각자 문을 잠그고 살면 그것만큼 어색한 일도 없을 것으로 판단했다.

셰어하우스는 거실이 중요하다. 내가 생각하는 집에서 가장 이해 안가는 부분이 거실이었다. 서로가 모이는 가장 큰 공간에 TV와 소파, 테이블을 놓고 나면 대화할 수 있는 매력적인 곳이 그저 TV를 보는 죽은 장소가 되어버린다. 이 죽은 거실에 테마를 입히면 특색 있는 셰어하우스가 될 수 있다. 모두 모이는 곳, 대화하는 곳, 휴식을 취하는 곳, 일을 하는 곳, 밥을 먹는 곳이 될 수 있는 테마가 필요했다. 그래서 떠올린 것이 카페였다. 옛날부터 카페 같은 집에 살아보면 어떤 느낌일까 하고 궁금했었다. 카페처럼 집을 만들어서 거실에서 일하고, 밥 먹고, 차 마시고, 대화하고, 책 읽는 그런 곳을 만들자고 계획을 세웠다.

무엇이 필요할까? 먼저 카페 테이블과 편한 카페 의자가 필요하다. 의자 높이 45cm에 테이블 높이 75cm가 앉을 때 가장 편안하다. 그리고 레일조명으로 노란 불빛을 비추면 카페 느낌이 난다. 이때 밝기를 위해서 작은 거실의 경우 9개 이상의 레일조명이 필요하다. 또한, 카페 느낌이 나는 벽도 필요한데, 나무로 벽을 붙이면 비싸기 때문에 나무 벽돌 같은 실크벽지를 사용해 마치 나무로 벽을 쌓은 듯한 착각을 불러일으킨다.

테이블을 많이 배치해서 서로 책을 읽고 쉬는데 불편하지 않게 한다. 한쪽 거실 벽에는 책을 꽂을 수 있는 책꽂이와 잡지대를 놓아 차 한 잔 마시며 자유롭게 읽을 수 있도록 한다.

주방에는 냉장고, 밥솥, 전자레인지, 주방도구, 그릇, 식기, 수저 등 모든 것을 갖춰 따로 주방용품이 필요하지 않도록 한다. 특히 주방 한쪽에 커피머신을 두어 언제든지 커피를 추출해서 먹을 수 있도록 한다. 주방에서 원두를 갈면 그 향이 거실까지 그윽하게 퍼져서 카페 느낌이 더해진다.

각 방에 드레스장, 책상, 침대, 협탁을 두어 심플하면서도 편리성을 최대한 확보한다. 1인실은 사생활을 보장받을 수 있고, 2인실은 저렴하면서도 새로운 친구까지 사귈 수 있다. 공부는 방이든 거실이든 어디서든지 할 수 있도록 책상을 많이 갖춘다. 욕실은 되도록 2인당 1개로 두어 바쁜 출근 시간에 불편함이 없도록 한다.

홈페이지는 최대한 상세하게 만들어 따로 집을 보러 오지 않아도 집을 선택할 수 있게끔 만든다. 가격은 균일하게 책정해서 불만이 생기지 않게 하고, 계약 기간을 짧게 해 단기임대가 필요한 사람들에게 값싸고 질 좋은 집을 제공한다. 입주 파티 및 중간중간 엔터테인먼트를 기획해 서로 친해지는 계기를 만들어주고, 숙소와 놀이가 섞인 새로운 주거문화로서 자리매김한다.

이렇게 셰어하우스를 정립하는 데 많은 시간이 소요되었다. 어떻게 만들 것인가, 누구를 받을 것인가, 무엇이 이들을 더 편하게 할 것인가, 어떤 소품이 실용적이면서 디자인까지 뛰어난 것인가 등 여러 사항을 고려해서 셰어하우스를 정립하기까지 6개월가량 걸렸다.

세종시 1호점 인테리어

카페 같은 내 집을 만들어보겠다는 생각으로 테마를 잡고 인테리어 시공에 들어갔다. 작은 방을 1인실, 큰 방을 2인실, 거실을 카페로 활용한다면 충분히 살고 싶은 집이 될 것 같았다. 다행히 신축 아파트라 인테리어가 들어갈 부분도 거실 벽지와 조명을 제외하고 가전, 가구 배치밖에 없었다.

먼저 주방 한쪽 벽을 커피 제작실로 만들었다. 커피머신과 우유거품기, 분쇄기, 그리고 다양한 커피 재료들로 채웠다. 거실에서 레일조명을 켜면 영락없는 카페로 변했다. 글 쓰는 일을 하는 사람에게 이 집은 지상낙원이었다.

레일조명

레일조명이 이 집을 카페처럼 느끼게 하는 포인트다. 처음으로 만들다 보니 생각보다 어려웠다. 다른 것보다 천장에 구멍을 내서 전선을 빼내는 작업이 가장 난도가 높았다. 직접 한 덕분에 거실과 부엌 모두해서 재료값이 17만 원밖에 들지 않았다. 만약 업체에 맡겼으면 50만원은 줬어야 했을 것이다.

색상은 블랙과 화이트 두 종류가 있다. 집의 벽지 색에 맞춰 구입하는 편이 좋다.

필요한 가전과 가구, 생활용품을 사는 일도 처음이라 어려웠다. 침대와 협탁, 드레스장, 책상, 소파, 거실 테이블, 주방용품, 욕실용품, 냉장고, 세탁기, 에어컨 등 생각해야 할 것이 많은 데다 집과 어울리는 크기의 가구를 찾아내느라 시간이 꽤 걸렸다.

레일조명 설치 완료

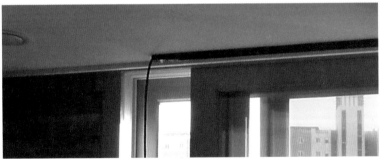

1	2
3	4
5	

1. 레일당 2개씩 구멍을 낸다.
2. 천장용 칼블럭이 있으면 조명이 떨어지지 않는다.
3. 하나씩 붙여가며 레일을 잇는다.
4. 마감 부분은 전선을 만들어준다.
5. 전선을 거실등과 연결하면 스위치를 사용할 수 있다.

침대 & 협탁

2인실에 침대 2개를 놓으려면 집 안 실측을 잘해야 한다. 생각 없이 막 사다가는 침대가 문을 막거나 2인실 자체가 불가능해진다. 2층 침대를 놓는 방법도 있는데, 어느 누가 2층에서 자고 싶어 할까? 셰어하우스 특성상 공간 활용을 극대화해야 한다. 그래서 일반 침대보다는 밑에 서랍이 있는 침대를 구하는 것이 좋다. 최대한 저렴한 침대를 사야 비용부담이 없지만, 너무 싼 침대를 사면 입주자들의 불만이 많아지기에 각별히 신경 쓴다. 사이즈는 싱글로 해야 방이 넓어 보이고, 공간 활용을 최대한 할 수 있다. 싱글 침대는 대략 10만 원 선에 구입할 수 있고, 배송비까지 포함해서 13만 원 정도 든다.

협탁은 침대와 벽지, 바닥의 색에 맞춰서 고른다. 화이트와 우드 투톤이 가장 예쁘고, 화이트로 된 것은 어느 집에나 잘 어울린다. 가장 무난하고 자연스러운 색상으로 사야 유행을 타지 않으며, 높이가 침대와 비슷해야 휴대전화를 올려놓기가 좋다. 만약 콘센트가 머리맡에 없는 방이라면 협탁 위로 콘센트를 따서 고정시켜주자. 그러면 휴대전화 충전이 편리하다.

책상 & 의자 & 테이블 & 소파

좋은 책상은 비용도 많이 들며 무겁다. 대부분 직장인과 학생들이라 책상을 활용하는 빈도가 높으나, 거실을 카페처럼 꾸몄기에 거실에서도 공부가 가능하다. 그래서 이케아 스타일의 책상을 구입해 비용을 절감했다. 책꽂이가 없는 2인실 평책상은 2만 원, 책꽂이가 있는 1인실 H형 책상은 3만 원이다. 단점은 직접 조립해야 한다. 책상 1개당 30분 정도 조립시간이 걸렸다.

책상용 의자는 가장 저렴하면서도 원목 느낌이 나는 의자로 구했다. 개당 2만 원. 이 집의 포인트인 거실은 카페 테마를 살리기 위해서 신경을 썼다. 유명 카페 소파로, 출처를 묻고 물어 남양주 어느 공장에서 직배송을 받았다. 1인용은 10만 원, 2인용은 18만 원, 배송비는 한 차에 10만 원이다. 거실 테이블은 카페 스타일 테이블로 가로, 세로 60cm에 5만 원이다. 이때 주의할 점은 의자의 엉덩이 높이와 테이블의 높이가 30cm 정도 차이가 나야 가장 편안함을 느낀다는 것이다. 이를 모르고 사면 테이블이 너무 낮거나 높아서 불편함을 줄 수 있다.

가전

에어컨, 세탁기, 냉장고 모두 인터넷을 뒤져 최저가로 끊었다. 재고 물량은 인터넷으로 싸게 나오는 경우가 많으므로 저렴하게 구할 수 있다. 굳이 중고매장에서 주느니 몇 만 원 주고 새것을 사는 편이 좋다. 총 100만 원에 구입할 수 있었다.

비용계산

주택 4,000만 원/이자 20만 원/인터넷 2만 원

가전 120만 원
(냉장고, 에어컨, 세탁기, 전자레인지, 커피머신세트, 토스트기, 무선공유기)

가구 160만 원
(침대3, 책상2, 테이블, 카페 소파, 식탁, 드레스장, 협탁3, 책꽂이, 집지대)

레일조명 20만 원, 장식 및 집기류 20만 원

총투자금 4,320만 원/월 지출액 22만 원

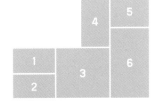

1. 1인실   **4.** 화장실
2. 2인실   **5.** 주방
3. 미니바(뒤)   **6.** 미니바(앞)

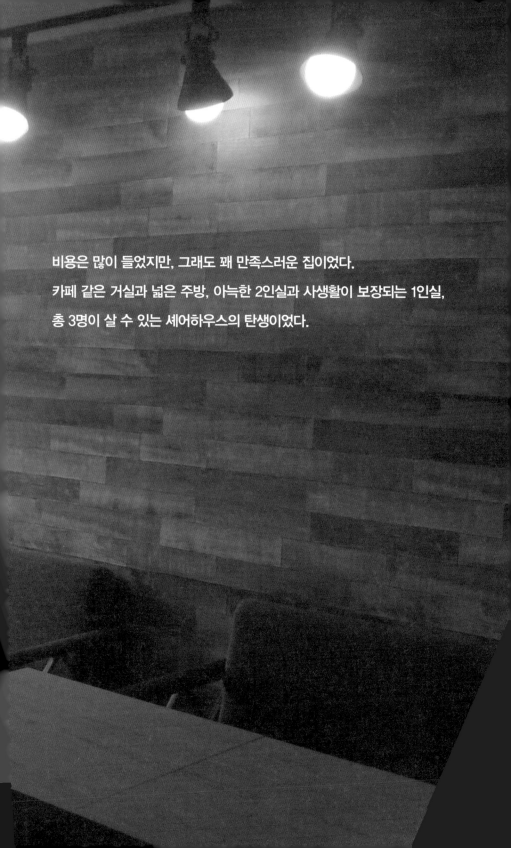

비용은 많이 들었지만, 그래도 꽤 만족스러운 집이었다.

카페 같은 거실과 넓은 주방, 아늑한 2인실과 사생활이 보장되는 1인실,

총 3명이 살 수 있는 셰어하우스의 탄생이었다.

세종시 모집 및 홍보 방법

이곳으로 사람들이 들어와 살게 하는 것이 가장 큰 고민이었다. 어떻게 홍보해야 사람들이 들어올 수 있을까? 우선 중개업소에 전화를 걸었다.

"월세를 놓으려고 하는데요."

"네. 얼마에 내놓으실 건가요?"

"1인실은 30만 원이고, 2인실은 23만 원 받으려고 해요."

"네? 아파트를 방마다 놓으신다고요? 말도 안 되는 소리 마세요."

세종시는 막 생긴 신도시다 보니 월세와 전세가 매우 저렴했고, 도시 기반이 갖춰지지 않아 사람이 별로 살지도 않았다. 게다가 셰어하우스를 중개업소에서 알지도 못했고, 이해하려고 하지도 않았다. 어쩔 수 없이 스스로 홍보할 수밖에 없었다.

첫째, 현수막을 만들었다. 사람들이 자주 가는 거리마다 현수막을 붙였다. 현수막 제작비용도 만만찮게 들었지만, 현수막을 보고 전화를 건 사람은 아무도 없었다.

둘째, 전단지를 만들었다. 버스정류장 등에 전단지를 붙였다. 분명 보는 사람은 있었지만, 전단지를 보고 연락 오는 사람은 없었다. 현수막과 전단지를 붙인 지 6개월이 지나서야 이 두 방법은 큰 효과가 없다는 것을 깨달았다.

셋째, '직방', '다방' 등에 사진과 정보를 올렸다. 연락이 오면 셰어하우스라는 것을 설명해주고 방을 보여준 다음 계약하면 된다. 별도의 수수료도 들지 않고 가격이 저렴하다 보니, 연락이 종종 왔다. 하지만 이 방법을 안 것은 셰어하우스를 한 지 6개월 후였다. 즉, 세종시 1호점을 할 때는 이 방법을 몰랐다.

넷째, 네이버 블로그로 사이트를 만들고, 이를 네이버 검색광고에 등록했다. 예를 들어 ㅇㅇ동 원룸이라고 치면 사이트가 뜨는데, 검색 결과 메인에 뜨려면 꽤 높은 입찰금액을 제시해야 했다. 그런데 세종시는 신도시고, 내가 차린 동에는 원룸이 존재하지 않았다. 즉, 클릭당 70원꼴에 1등으로 검색순위를 올릴 수 있었다. 이 방법이 가장 연락이 많이 왔다.

가장 효과가 좋은 두 방법은 세종시 1호점을 막 차리고 나서는 몰랐다. 안타깝게도 초창기에는 현수막과 전단지에 의존할 수밖에 없었고, 계약을 성사시킬 만한 연락을 전혀 받지 못했다. 결국 세종시 1호점은 몇 달간 내 집이 되었다. 오히려 이런 경험이 더 잘될 수 있는 밑거름으로 작용했다.

월세를 얼마로 받을까?

가격을 정하는 것은 가장 어려운 일 중 하나다. 한번 결정하면 바꾸기가 어려운 것이 가격이다. 고민도 있었다. 이제 막 입주한 터라 빈 아파트가 많았고, 월세가격이 바닥을 쳤다. 주변 오피스텔이 월세가격을 25만 원까지 낮춘 상황이었다. 따라서 1인실은 그보다 가격이 낮아야 했고, 2인실은 더 낮아야 했다.

월 41만 원의 비용이 들어갔다. 1인실을 월 20만 원, 2인실을 각 월 15만 원 받는다고 해도 총 50만 원으로, 겨우 9만 원밖에 남지 않았다.

만실이 차도 마진이 없는 최악의 수급 상황이었다. 결국 오피스텔 월세가 올라야 수익이 증가할 수 있었다. 기대 매출은 최소 월 70만 원이었다. 1인실은 30만 원, 2인실은 각 20만 원이 나와야 순 마진이 29만 원 남았다. 그 이하로는 가격을 내리지 않는 대신, 임대 기간을 3개월까지 줄여보았다. 이 지역의 경우 대규모로 3개월 인턴을 뽑기 때문에 단기임대 수요가 필요할 수밖에 없었다. 승산이 있는 도전이라는 판단하에 가격을 내리지 않았다.

임대수익률을 높이는 핵심 Point

대전 소형 아파트 임대 이야기, 세종시 1호점 이야기에서 보았듯 집을 싸게 구하는 것은 임대수익률로 즉시 반영된다. 특히 공급이 넘치는 곳에서는 월세를 1만 원 올려 받기도 어려운 탓에 집을 싸게 사는 것이 더욱 중요하다.

세종시는 새 아파트라 인테리어비용이 들지 않는 대신 집 가격이 비쌌다. 집을 사서 월세를 놓으면 도저히 임대수익이 나오지 않았다. 대전은 노후 아파트라 매매가격이 저렴한 대신 인테리어비용이 많이 들었다. 인테리어비용은 차후 매매 시 제대로 반영되지 못하므로 임대수익에 비용을 포함해야 했다.

02
임대수익률 25%
대전 1·2호점 이야기

연간 투자 수익률 69% 대전 1호점

세종시 1호점과 대전 갭 투자를 위한 집을 인테리어하면서 이제 인테리어 기술에는 자신이 생겼다. 인테리어를 위해 사놓은 장비와 자재들도 넉넉히 있어서 인테리어비용도 예전보다 더 적게 들었다. 그러자 대전 1호점은 낡은 아파트를 사서 올리모델링을 해도 승산이 있을 것 같았다.

확실한 수요가 따라주면서 젊은 층이 많아 셰어하우스가 통할 수 있는 곳을 찾기 시작했다. 예쁜 집이 아니라 낡은 집을 싸게 사서 누구나 살고 싶은 집으로만 만든다면 반드시 수요는 있을 것으로 생각했다.

충남대는 이 모든 조건을 충족시켰다. 대전에서 가장 큰 대학교이고, 통학생보다 자취생이 월등히 높았다. 또한, 졸업하고 나서도 직장과 가깝고 월세가 저렴하며 편의시설이 많아 계속 대학교 근처에서 사는 비율이 높았다. 물가가 싸서 젊은이들이 데이트하고, 모임을 하는 핫플레이스이기에 수요가 꾸준한 반면, 위치는 충남대와 카이스트 안에 막혀 있어 공급은 늘지 못했다.

어떤 이는 대학가에 원룸과 기숙사가 많아 승산이 없을 것이라고 했지만, 그렇지 않았다. 원룸은 낡은 데다 여성들이 살기에 다소 위험할 수도 있는 곳이었다. 기숙사는 항상 부족해서 들어가고 싶어도 모두 들어갈 수 없었다. 그리고 기숙사는 방학이 되면 퇴실을 해줘야 해서 짐을 수시로 집에 부치고 찾아야 하는 불편함이 있었다. 방학 때 고향에 가지 않고 남아서 공부하거나 아르바이트를 하고 싶어도 어쩔 수 없이 고향으로 향해야 했다.

아파트에 있는 여성용 셰어하우스라면 어떨까? 우선 보안이 튼튼해서 본인과 부모님이 안심할 수 있고, 경비실이 있어 택배를 받기가 편하다. 거실과 주방이 넓어 쾌적한 삶을 살 수 있고, 친구가 생겨 외롭지 않다. 같이 요리하고 이야기하며 술 한잔하는 그런 이상적인 집이 대학가 앞에서는 충분히 승산이 있을 것이라 믿었다.

아파트 급매로 사기

충남대 앞 궁동에는 아파트가 딱 두 단지 밖에 없었다. 두 곳 모두 지은 지 20년이 가까이 되다 보니, 가격은 평당 500만 원이 되지 않을 정도로 저렴했다. 월세는 인근 새 아파트와도 큰 차이가 없었다. 공급은 적었지만, 수요는 많았다. 대전에서 셰어하우스를 하는 사람에게는 최적의 조건이었다.

아파트를 지정해놓고 중개업소에 매물이 나오기를 기다렸다. 얼마 안 되어 한 채가 매물로 나왔다. 저층이지만 산 조망이라서 조용한 데다, 구형 아파트인데도 방 3개에 욕실이 2개였다. 가격도 참 마음에 들었다. 1억 2,500만 원으로 평당 500만 원이었다. 새 아파트가 평당 900만 원 하던 시절이니 딱 반값이었다. 리모델링비를 포함해도 평당 580만 원 안에 끊을 수 있었기에 바로 매입하려고 했으나, 좀 더 흥정해보기로 했다. 노후 아파트이고 저층이라 세를 원하는 사람은 많았어도 정작 사고 싶어 하는 사람은 별로 없었다. 아마 이 집을 사고 싶어 하는 사람은 나밖에 없었을 것이다.

기다렸다. 분명 다시 연락이 올 것이라 믿었다. 정말로 며칠 뒤 연락이 왔다. 그래서 500만 원을 더 깎았다. 평당 480만 원에 매입했다. 대출은 80%를 받았으니 실투자금은 2,400만 원 밖에 들지 않았다. 리모델링까지 하면 실투자금 4,000만 원이 들었다.

인테리어 리스트를 짜서 견적 내기

인테리어를 하기 전 해야 할 일은 머릿속으로 어디를 어떻게 고쳐서 어떤 집이 나오는지 그려보는 것이다. 무엇을 얼마나 사야 하는지, 설치비는 얼마나 드는지를 예상해서 인테리어 리스트를 짜야 한다. 리스트가 완성되면 다음을 곰곰이 생각해보자.

> 어떻게 하면 원가절감을 할 수 있는가?
> 어떻게 하면 불필요한 것들을 없앨 수 있는가?
> 공임비가 많이 절약되면 직접 설치할 자신이 있는가?
> 몇째 날에 설치할 것인가? 다른 날짜와 겹치지 않는가?
> 어디서 구입할 것인가? 배송은 얼마나 걸리는가?

이렇게 고민하면서 날짜를 조절하고 비용을 꼼꼼히 계산하면 20% 이상 절감할 수 있다. 여기에 총비용이 나오면 주택구입비용, 대출이자 등을 고려해 예상 수익률을 계산해본다. 과도한 인테리어는 수익률에 독이 되므로 저비용 고효율을 항상 명심하자.

대전 3호점(56평형) 인테리어 리스트 예시

품목	단가	수량	가격(단위 : 만 원)	공임비(단위 : 만 원)	설치 예정일	비고
도배	20	1	20	80		
침대	25	6	150	10		각방
콤비블라인드	5	4	20	10		방/거실
레일조명	40	1	40	15		거실/부엌
식탁조명	15	1	15	5		
원목의자	3	6	18	7		각방
전자레인지	7	1	7	0		
밥솥	15	1	15	0		
레인지대	5	1	5	1		
침대협탁	4	6	24	0		각방
콘솔/2벤	7	3	21	3		거실
H형책상	7	2	14	4		1인실
서랍책상	9	2	18	4		2인실
멀티선반	8	2	16	4		거실
벽선반	2	4	8	4		거실
커피머신세트	18	1	18	0		
토스트기	3	1	3	0		
세탁기	35	1	35	0		
냉장고	35	1	35	0		
벽걸이에어컨	50	1	50	0		
LED방등	9	4	36	12		각방
800시스템장	8	6	48	15		각방
다리미/판	5	1	5	0		
청소기	4	1	4	0		

6인 식탁세트	50	1	50	0
전신거울	5	1	5	0
벽등	3	1	3	5
주방용품	10	1	10	0
생활용품	10	1	10	0
카페 소파	11	8	88	10
카페 테이블	6	4	24	0
계			815	직접 설치
합계			815만 원	

[PART 2]
셰어하우스를 시작하다

품목	단가	수량	가격(단위 : 만 원)	공임비(단위 : 만 원)	설치 예정일	비고
침대	22	4	88	14		각방
원목의자	3	4	12	2		각방
침대협탁	4	4	16	0		각방
콘솔/2벤	7	3	21	1		거실
H형책상	7	2	14	1		1인실
서랍책상	9	1	9	1		2인실
멀티선반	8	1	8	1		거실
벽선반	3	2	6	1		거실
커피머신세트	18	1	18	0		
벽걸이에어컨	47	1	47	0		
시스템장	16	1	16	6		안방
거울장	9	2	18	4		1인실
청소기	4	1	4	0		
카페 소파	11	4	44	10		
카페 테이블	6	2	12	0		
욕실	200	1	200	0		
싱크대	90	1	90	0		
폴딩도어	160	1	160	0		
도배	70	1	70	0		
조명	50	1	50	0		
새시	150	1	150	0		
세탁기	35	1	35	0		
에어컨	35	1	35	0		
냉장고	30	1	30	0		
계			1,153	직접 설치		
합계			1,153만 원			

10일이면 OK! 저렴하고 빠른 셀프 리모델링

바로 계약하고 얼마 지나지 않아 잔금을 치렀다. 열쇠를 받아 들어가서 집을 보고 생각에 잠겼다. 이제 걱정은 '이 아파트를 내가 리모델링을 할 수 있을까?'였다. 그동안의 집과 다르게 이번 집은 콘크리트만 빼고 쓸 수 있는 것이 없었다. 도배, 새시, 싱크대, 욕실, 조명, 페인트, 문고리, 가전, 가구, 집기 모두 갈아치워야 하는 대공사를 최대한 빠르게 해야 했다.

1. 거실
2. 안방
3. 부엌
4. 욕실

최대한 빨리 공사를 마무리하기 위해 잔금을 치르는 날 시간이 다소 걸리는 욕실, 싱크대, 새시는 업자를 불러서 치수를 재고 주문에 들어갔다. 비용이 꽤 들어갔지만, 나까지 포함해서 4명의 작업자가 동시에 집을 리모델링하기에 공사 기간이 크게 줄어들었다. 이때 작업의 방해가 안 되는 선에서 비교적 간단한 작업인 문고리, 콘센트를 교체했다. 대략 3~4일 정도 걸렸다.

욕실과 싱크대, 새시를 새로 하고 나니 완전히 다른 집이 되었다. 조명, 도배만 다시 설치하면 집의 80% 이상이 완성된다. 거기에 하나 더 해서 베란다 확장공사를 했다. 구식 아파트라 거실 발코니를 확장하고, 폴딩도어를 달면 새 아파트처럼 거실이 넓어 보이는 효과가 있기 때문이다. 산을 바라보며 휴식을 취할 수 있는 테라스처럼 꾸몄다.

도배는 인터넷을 통해 풀 바른 벽지를 주문했다. 이미 풀이 발라져 와서 3일 안에 도배를 완성해야 한다는 단점이 있지만, 편리해서 2명만으로도 도배가 가능하다. 가끔은 풀 바른 벽지로 나 혼자 도배하는 때도 있다.

거실은 실크벽지로 도배를 하고, 방은 합지벽지로 도배했다. 어떤 차이가 있냐 하면 합지벽지는 값이 싸고, 기존 합지벽지 위에 그대로 도배지를 붙이면 되기에 시간이 짧게 걸린다. 고급기술도 필요 없다. 실크벽지 위에는 벽지를 붙일 수 없으므로 일일이 다 벗겨낸 후 초배지를 바르고 벽지를 붙여야 한다. 게다가 겹쳐지는 부분이 생기면 안

돼서 도배기술이 요구된다. 그래도 거실은 실크벽지로 해야 예쁘다.

조명은 구식 아파트라 다 떼어버리고 새로 갈았다. 방등, 거실등은 LED로 교체하고, 부엌등은 레일조명 1m×3구로 교체했다. 그리고 거실에 2m×3m 레일조명을 추가로 설치했다. 그럼 평상시에는 거실등으로 환하게 쓰고, 분위기를 낼 때는 레일조명을 사용할 수 있다. LED등은 일반등보다 비싸지만, 밝아서 집이 더 예뻐 보이게 하는 효과를 준다. 거실 한쪽 벽에는 거실바를 만들고 키세스조명을 달아주었다. 레일조명 전선과 연결해서 1개의 스위치로 레일조명과 키세스조명이 같이 켜지도록 했다.

침대는 인터넷을 통해 수납장을 갖춘 싱글침대로 샀다. 여러 명이 사는 곳이라 수납공간을 넓혀줘야 한다. 1인실에는 거울이 달린 옷장과 2단 행거를 설치하고, 2인실에는 2단 드레스장을 설치했다.

또한, 방마다 블라인드도 설치했다. 인터넷으로 사면 원하는 색상을 원하는 길이로 재단해서 맞출 수 있고, 천장에 나사못을 드라이버로 박으면 손쉽게 설치할 수 있다.

인테리어 소품은 저렴하면서도 예뻐야 해서 물건을 고르는 데 꽤 많은 시간이 걸렸다. 카페 소파와 테이블은 한참을 수소문한 끝에 남양주의 가구점과 연락이 닿았다. 단가는 다소 비싸지만, 확실히 앉아보면 편하다. 그래서 집을 보여주고 계약할 때 여기에 앉아서 한다. 계약률이 상당히 높아진다. 테라스에 있는 유리 테이블과 사과 소파도 이 가구점에서 저렴하게 샀다.

그 외에도 에어컨, 냉장고, 드럼세탁기, 커피머신, 주방도구, 커피재료, 식기도구, 밥솥, 전자레인지 등 옵션을 최대한 많이 넣어 당장 살아도 불편함이 없도록 준비했다. 대부분 인터넷으로 산 덕분에 비용과 시간을 줄였다. 도배를 제외하고는 혼자서 10일 만에 리모델링을 완성했다.

1. 벽돌을 차곡차곡 쌓는다.
2. 벽돌 위에 시멘트 가루를 붓고
   미장손으로 평평하게 한다.
3. 분무기로 시멘트 위에 조심스럽게
   물을 뿌려준다. 물을 충분히 뿌려야
   부서지지 않는다.
4. 하루 이상 양생할 시간을 둔 뒤, 거실과
   같은 색의 바닥재(장판)를 설치한다
5. 테라스
6. 폴딩도어

		5
1	2	6
3	4	

1. 현관
2. 거실바
3. 거실

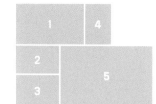

대학교 모집 및 홍보 방법

대전 1호점 리모델링을 하면서 입주자 모집을 동시에 냈다. 대학생들은 겨울방학이 시작되면 기숙사를 비워줘야 하므로 개학하기 전까지 수요가 충분하다. 그 시기를 놓치기 싫었다. 게다가 공사하는 중에 집을 보러 오면 바로바로 집을 보여줄 수 있어서 굳이 대전으로 왔다 갔다 하지 않아도 되었다.

가장 큰 효과는 입주자와 계약함으로써 공사를 완료해야 하는 기일이 정해졌다는 것이다. 심리적으로 빨리 완성해야겠다는 압박감이 들었고, 업체에 맡기는 것보다 더 빨리 10일 만에 인테리어를 끝냈다.

세종시와 다르게 대전은 대학교 앞이라 대학생만 적극적으로 공략하면 되었다. 세종에서도 반응이 좋지 않았던 현수막, 전단지는 대학교에서도 효과가 없었다. 온라인시대다 보니 온라인으로 홍보하는 것이 가장 좋았다. 그중에서도 대학교 홈페이지에 있는 주거 게시판이나 '다방', '직방' 어플이 효과가 있었다. 그 외에는 큰 효과를 보지 못했다.

주거 게시판에 설명과 샘플 이미지로 세종시 1호점 사진을 올렸다. 사진을 보고 학생들이 집을 보지도 않고 계약하기도 하고, 공사현장을 보고 바로 계약하기도 했다. 그래서 공사가 완료되는 10일 만에 모든 방이 다 찼고, 덕분에 비용을 절감할 수 있었다.

대전 1호점이 완성될 즈음 세종시 1호점도 드문드문 연락이 와서 3명 중 2명이 살고 있었다. 이 두 지점이 흑자를 기록하면서 대전 2호점 준비를 시작했다.

가격 결정

충남대 앞은 대규모의 기숙사와 엄청난 수의 원룸이 포진하고 있었다. 원룸의 가격도 노후도에 따라 제각각이라 가격을 얼마로 결정할지 고민이 되었다. 시설이 괜찮고, 위치가 비슷한 원룸은 최소 월 35만 원은 줘야 했다. 시설, 안전, 편의 면에서는 셰어하우스가 훨씬 우위에 있었기에 1인실은 30만 원, 2인실은 23만 원이 적당할 것으로 판단했다. 하지만 셰어하우스라는 것이 대전에 처음 들어오는 데다, 수익이 너무 나면 경쟁자가 들어오기에 십상이다. 더욱이 형편이 빠듯한 국립대생들에게 과한 수익을 내고 싶지는 않았다. 나는 적당한 수익이 나면서 상대는 수익이 안 나게 하는 최적의 수익률을 계산했다.

임대수익률은 25%로 맞추고, 1인실과 2인실의 가격을 정했다. 1인실은 28만 원, 2인실은 22만 원을 받기로 했다. 나중에는 가격이 올라서 100만 원 정도 월세가 들어왔다.

매입가	1억 2,000만 원	월매출	100만 원
인테리어	1,300만 원	유지비	2만 원
대출금	9,600만 원	이자	28만 원
보증금	400만 원	순이익	70만 원
실투자금	3,300만 원	수익률	25.4%

대전 1호점 투자 수익률

연간 투자 수익률 50% 대전 2호점

마침 1월이라 빨리 집을 사서 리모델링을 하면 개학하기 전에 입주자를 또 모집할 수 있을 것 같았다. 대학교는 2월이 극성수기라서 원룸촌 앞에 방을 보러 오는 학생과 부모를 호객하는 할머니들이 진을 치고 있을 정도다. 반면 3월이 지나가면 사람을 구하기가 너무나도 어려워진다. 1~2월, 7~8월에 얼른 입주자를 받는 것이 관건이다.

문제는 대학교 근처에 단지가 2개밖에 없고, 둘 다 소형 단지라서 거래매물 자체가 귀했다. 때마침 좋은 층에 좋은 조망을 가진 아파트가 매물로 나왔다. 그런데 저번에 산 집보다 2,000만 원을 더 비싸게 불렀다. 아무리 급해도 그렇게 비싼 집은 살 수 없었다. 포기하고 나왔다. 그리고 매물을 더 기다렸다. 어차피 노후 아파트라 나 빼고는 살 사람이 없을 것이다. 역시나 다시 연락해보니 아직도 매물이 존재했다. 800만 원을 더 깎고 계약을 체결했다. 층수나 이런 것을 고려하면 나름대로 적당한 가격에 샀다. 2월 안에 리모델링까지 완료해야 돼서 솔직히 내가 더 급했는데, 안 급한 척하다 보니 시간이 촉박했다.

이 집은 장판도 새로 해야 했다. 장판 시공은 기술이 어려운 것은 아닌데, 정말 무거웠다. 세상에 종이가 이렇게 무거울 수 있을까 싶을 정도로 무거웠다. 다행히 대전 1호점과 같은 아파트, 같은 평형이라 저번에 했던 그대로 하면 문제없었다. 또 이를 악물고 도배, 조명, 장판, 콘센트 교체, 페인트, 베란다 확장, 타일, 가구, 가전, 소품까지 리모델링을 했다. 장판이 추가돼서인지 12일 정도 걸렸다.

이번에도 세입자를 구한다는 글을 먼저 올리고, 공사 중에 방을 보러 오는 학생들에게 공사현장이나 1호점을 잠시 보여주었다. 눈으로 직접 본 사람은 열에 일고여덟은 계약하고 갔다. 멀리서 사는 경우는 사진만 보고도 계약했다. 그럴 때마다 홈페이지에 사진과 설명을 상세하게 올린 것이 참 잘한 일이라 생각되었다. 2호점도 계획대로 공사가 끝나기 전에 모두 만실이 되었다.

대전 2호점은 수익률이 그리 높지 않았다. 대출이 적고, 매입가가 높았기 때문이다. 그래도 나쁘지 않은 것은 순현금이 월 75만 원씩 들어온다는 점이다. 표면적인 수익률도 중요하지만, 실투자금이 적게 들어가면 순현금 또한 적게 들어온다. 관리할 인원이 많아지면 스트레스도 높아지기에 수익률을 다소 낮추더라도 순현금이 많이 들어오는 편이 좋다.

매입가	1억 3,200만 원	월매출	100만 원
인테리어	1,300만 원	유지비	2만 원
대출금	9,240만 원	이자	23만 원
보증금	400만 원	순이익	75만 원
실투자금	4,860만 원	수익률	18.5%

대전 2호점 투자 수익률

[PART 2]
셰어하우스를 시작하다

경쟁자의 등장

셰어하우스를 시작하기 전에는 입주자가 과연 들어올까 하는 점이 가장 큰 걱정거리였다. 다행히 전략이 먹혀서 한숨을 돌리나 싶었는데, 이제는 경쟁자라는 걱정거리가 생겼다. 셰어하우스 홈페이지에 공실인지 만실인지, 그리고 가격이 얼마인지 다 공개되다 보니 다른 투자자들도 셰어하우스에 손을 대기 시작한 것이다.

어느 날 보니 옆 단지에도 생기고, 같은 단지에도 셰어하우스가 생겼다. 이제 막 시작하는 단계라 시장 자체가 크지 않은 편인데, 경쟁자가 급속도로 늘어나자 마음이 불안했다. '여러 지점을 더 늘려서 규모의 경제로 경쟁자를 눌러야 할까? 아니면 가격을 같이 맞혀가야 할까?' 생각하던 차에 마음이 바뀌었다. 사업을 하다 보면 선구자 뒤에는 바로 추격해오는 후발주자가 있기 마련이다. 그래서 그냥 이해하기로 했다. 어쩌면 이들 때문에 대학생들에게 질 좋은 주택을 보급할 수도 있을 것 같았다. 셰어하우스 문화가 널리 퍼지면 좋지 않을까 내심 기대감도 들었다.

무엇보다 크게 걱정하지 않았던 이유는 나보다 더 가격을 낮게 책정할 수 없을 것이라는 자신감 때문이었다. 급매로 싸게 산 집을 직접 인테리어를 해서 인건비도 거의 없이 자재비만으로 만든 집이기에 지금 정도의 월세를 유지하면 나는 수익이 꽤 괜찮은 편이다. 하지만 상대는 수익이 거의 나지 않을 가능성이 크다. 만약 내가 수익을 내지 않는 수준으로까지 가격을 내리면 후발주자들도 가격을 억지로 내려서 적자를 보고 이내 망하게 될 것이다.

결국 고민 끝에 가격을 적당한 수익률을 유지하는 선에서 두고, 대신 경쟁자도 큰 수익을 내지 못하게 만들었다. 그래야 나는 손해를 보지 않으면서 또 다른 경쟁자가 시장에 진입하는 것을 막을 수 있다.

덕분에 충남대 앞은 기숙사와 원룸, 셰어하우스가 서로 경쟁을 하는 팽팽한 삼각구도 형태가 되었다. 그러나 계속 늘어나는 기숙사 증설과 대학교 건너편에 새로운 주거원룸 단지 등장, 조금씩 늘어나는 셰어하우스는 경쟁을 더 치열하게 만들었다. 더 높은 수익률을 올리기 위해서는 새로운 해결책이 필요했다. 바로 대전이 아닌 더 높은 수익률이 있는 곳에서 사업을 하는 것이다.

세종시에서는 대전과 비교할 수 없을 정도의 높은 수익률이 나오기 시작했다. 세종시에서 높은 수익률이 나오자 대전은 미련 없이 매각했다. 세금 및 수수료를 모두 제하고 매각차익을 포함한 연간 투자 수익률은 1호점은 69%, 2호점은 50%나 됐다.

03
임대수익률 200%
세종시 2·3호점 이야기

세종시에 빛이 비치기 시작하다

세종시 1호점이 암흑기를 지나 만실이 차는 날이 왔다. 만실인데도 입주하고 싶다는 문의가 지속해서 들어왔다. 그래서 세종시 2호점을 내기로 했다.

세종시의 집값은 새 아파트라 대전보다 비쌌다. 2억 원 이상 하는 아파트를 사서는 아무리 만실이 찬다고 해도 수익률이 5% 정도밖에 되지 않았다. 새로운 방법이 필요했다.

대전의 아파트는 많이 노후화된 탓에 전면 리모델링이 불가피했다. 전세나 월세로 빌린 집은 임대 기간이 만료되면 다시 집주인에게 집을 돌려줘야 한다. 그렇게 되면 리모델링비용은 일체 돌려받지 못한다. 결국 장기임대를 하거나 매입하는 방법을 택하는 수밖에 없었다.

세종시는 다 새 아파트였다. 리모델링을 하지 않고 살아도 되는 집들이다. 셰어하우스만의 색깔을 입히기 위해 도배나 조명을 설치하고 싶었지만, 그런 비용을 일체 줄이면서 월세를 낮추는 편이 더 경쟁력이 높다고 판단했다. 2년만 임대해도 가구·가전비용 외에는 리모델링에 투자한 비용이 없어 수익률 면에서도 꽤 괜찮았다.

당시 세종시의 두 가지 장점 중 하나는 월세가 매우 저렴하다는 것이었다. 25평형의 방 3개, 욕실 2개인 아파트가 보증금 500만 원/월 30만 원 정도였다. 게다가 세종시 내에는 원룸 건축이 불가능해서 소수의 오피스텔과 도시형 생활주택밖에 없다. 즉, 일정 기간이 지나면 1인 가구가 살 집이 모자라서 월세가 급등할 가능성이 크다. 그리고 세종시에는 정부청사, 국책연구단지에서 뽑는 인턴직, 계약직이 매우 많다. 정규직은 독신자 숙소 등 주거공간이 제공된다. 그러나 비정규직은 계약 기간이 3개월 정도로 짧아서 주거공간을 제공받지 못한 탓에 숙소를 구하는 데 애를 먹었다. 대부분 1년 이상의 계약을 원하기 때문이다.

이런 이유에서 셰어하우스가 세종시에서 반드시 먹힐 것이라는 확신이 들었다. 풀옵션에 저렴한 월세와 3개월의 단기계약이 가능하다면 반드시 수요가 있을 것이라 믿었다. 그 시기가 이제 시작된 것이다. 세종시 2호점이 필요했다.

발상의 전환, 월세로 월세를 놓다

항공사들이나 해운사들을 보면 자신이 소유한 비행기나 배, 또는 렌트로 빌린 비행기나 배가 있다. 장사가 잘될 때는 렌트로 빌린 비행기나 배가 많을수록 큰 이익을 얻는 반면, 장사가 안될 때는 렌트로 빌려놓은 만큼 손실을 보게 된다. 일종의 레버리지 효과다.

세종시에서는 2억 원이 넘는 돈을 주고 셰어하우스를 해서 월 100만 원을 벌면 별로 이득도 아니다. 그래서 경쟁자가 없었다. 다만 '룸셰어'라고 월세로 아파트를 빌린 사람이 작은 방 2개를 다시 10만 원 정도에 월세를 놓는 방식이 유행했다. 저렴해서 많이들 이용했다. 하지만 아는 사람도 없는 곳에 당장 들어가야 하고, 주인과 같이 사는 것이 왠지 불편한 이들에게는 내키지 않는 선택이었다.

어차피 인테리어비용이 들지도 않으므로 이번에는 월세로 빌려서 셰어하우스를 운영하는 방식을 써보기로 했다. 이때 집주인에게 전대 놓는 것을 허락받고 해야 하는데, 세종시는 세입자가 귀한 데다 기숙사처럼 쓰는 경우가 많아서 구하기가 그리 어렵지 않았다.

정부청사 부근에 월세 35만 원짜리 아파트를 구했다. 값은 싸지만 새 아파트이고, 방이 3개에 욕실도 2개나 되는 좋은 집이었다. 세입자 4명 중 2명만 받아도 본전은 찾을 수 있었다. 월세는 총 95만 원 정도 나올 것 같았다. 그러면 매월 차익이 최대 60만 원까지 가능했다. 투자금은 1,000만 원도 안 되는데, 매달 수익이 60만 원씩 나오는 신세계를 발견한 것이다.

인테리어도 별로 할 것이 없어서 가전, 가구를 사는 일 외에 창문에 콤비 블라인드를 달아준 것밖에 없었다. 덕분에 공사 기간도 일주일이 채 걸리지 않았고, 작업 시간도 이틀밖에 되지 않았다. 가장 큰 걸림 돌은 비용이었다. 모든 것을 사는 데 250만 원가량 들었다.

가전·가구 구입목록

냉장고	진공청소기	식기세트
세탁기	대걸레	거실 테이블
에어컨	책상	거실 의자
전자레인지	침대	책장
밥솥	협탁	잡지대
토스트기	커피머신세트	스탠드조명

▼ 세종시 2호점 배치도

기적의 수익률, 연 200%를 내다

세종시 2호점도 광고한 지 한 달이 지나서 모두 만실 상태가 되었다. 그 후 잠시 비는 기간을 빼고는 계속 만실이었다. 1인실은 보증금 100만 원/월 27만 원, 2인실은 월 21만 원을 받아 월세가 총 96만 원이 들어왔다. 여기에 월세 35만 원과 인터넷요금 2만 원을 빼면 59만 원이 매달 남았다.

이제 투자 수익률을 계산해보자. 실제 투입된 돈 대비 연간 들어오는 순이익을 따져보면 실제 투자 수익률을 알 수 있다. 연간 순이익은 59만 원×12개월=708만 원, 실투자금은 보증금 500만 원+가전·가구 비용 250만 원-보증금 400만 원=350만 원이 나온다. 이러면 투자금보다 연간 순이익이 2배 많아지는 연 투자 수익률 200%가 나오게 된다. 임대 투자 역사상 말도 안 되는 일이 벌어진 것이다.

대전에서는 집을 직접 사들이느라 월세를 2배나 높게 받는데도 수익률이 20%를 넘지 못한 데 반해, 월세로 얻어서 월세를 놓으니 투자금보다 6개월 순이익이 더 많았다. 즉, 6개월만 장사해도 투자금은 다 뽑는다는 말이다. 하지만 나보다는 집주인이 돈을 더 벌어갔다. 3년 동안 세종시 웬만한 아파트들은 1억 원가량 올랐다. 나는 열심히 재주를 부렸고, 집주인은 가만히 앉아서 돈을 벌었다. 그래도 새로운 수익 모델을 발견해서 기뻤다.

집은 대출 한도 때문에 한 명이 살 수 있는 집의 숫자가 정해진 반면, 월세는 무한정하게 얻을 수 있었다. 그런데 왜 아무도 세종시에서 이런 투자를 하지 않았을까? 세종시에도 몇몇 셰어하우스가 생기기는 했으나, 잘못된 가격 책정과 홍보 부족으로 문을 닫았다. 원룸보다 싼 가격과 인터넷을 통한 활발한 홍보를 바탕으로 우리 셰어하우스는 세종시와 대전 양쪽에서 모두 잘 나가고 있었다. 결국 직접 매입보다는 전대차를 통해 지점을 계속 늘려가는 방법이 더 효과적이라고 생각했다. 기존의 대전 지점은 매각해서 현금을 늘리고, 앞으로 오픈할 지점은 전대차를 통해 늘려나가자는 계획을 세웠다.

바로 실천으로 옮겨 갈마동 소형 아파트 2채와 대전 1·2호점을 성공적으로 모두 매도하고, 수익률을 확정 지었다. 확실히 대전 1호점은 집을 싸게 매입한 덕분에 임대수익률도 높고, 매각수익률도 높았다.

구분	연간 임대수익률	연 투자 수익률(매각 포함)
갈마동 19평	18%	46%
갈마동 17평	16%	41%
대전 1호점	24%	69%
대전 2호점	18%	37%

세종시 2호점 인테리어 원가 절감하기

세종시 2호점은 심플하게 구성해서 공간을 넓혔다. 수납할 수 있는 곳을 최대한 뽑아내 필요한 물품을 모두 배치해서 생활의 편리성을 추구했다. 특히 거실은 소통의 공간이자 휴식의 공간으로 셰어하우스의 테마가 드러나는 곳이다. 비용절감을 위해 카페 소파를 포기하고 1인 의자로 바꾸었더니, 약 40만 원이 절감되었다.

우리 셰어하우스의 테마인 커피머신세트는 유지했다. 그리고 책장에 인테리어 소품 겸 커피부자재들을 갖다놓아서 마음껏 커피를 만들어 먹을 수 있도록 했다. 옆에 잡지대도 비치해 머리를 식히고 쉴 수 있는 공간으로 열어놓았다.

부엌은 마음껏 조리할 수 있는 공간으로 입주자의 특성에 따라 활용도가 다르다. 대학생들은 음식을 직접 해 먹는 반면, 세종시 공무원들은 늦은 귀가 시간 탓인지 즉석식품을 선호했다. 그래서 전자레인지는 필수였다. 귀가 후 즉석식품과 맥주 한 잔을 할 때도 많아 아일랜드 식탁과 바 의자를 설치해 분위기를 살렸다.

1인실은 침대, 협탁, 책상, 의자로 심플하게 구성했다. 새 아파트라 드레스룸이 짜여져 있어서 굳이 다른 것을 살 필요도 없었다. 공간 활용도가 높은 덕분에 세종시에서는 비용과 상관없이 1인실을 선호하는 사람이 많았다. 월 27만 원이었으나, 선호도가 높아 35만 원까지 가격이 치솟은 적도 있다.

대전에서는 2인실의 만족도가 가장 높았다. 값도 싸고, 친구와 함께 지내 재미있다는 것이다. 세종시에서는 직장인이 많다 보니 몇만 원을 더 주고서라도 1인실을 선호했다. 물론 2인실도 거의 만실로 운영되었다. 2인실 값을 통째로 주고 혼자서 쓰는 경우도 있었기 때문이다. 이럴 경우 5만 원 정도 할인해주었다. 욕실은 2인실에 1개, 현관에 1개로 2인당 1개를 써서 쾌적함을 제공했다.

▼ 거실

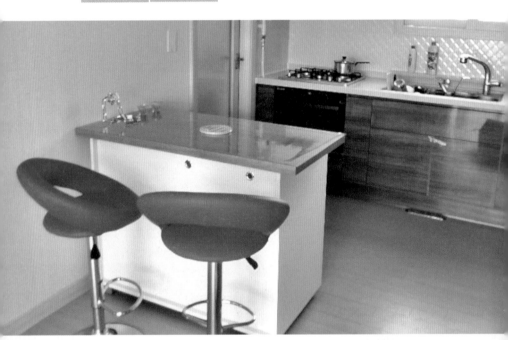

1. 2. 부엌
3. 4. 1인실
5. 2인실
6. 욕실

수익률의 절정, 세종시 3호점

세종시 3호점은 정부청사와는 조금 멀었지만, 인근에 오피스텔과 도시형 생활주택이 없다 보니 경쟁자가 없어 좋았다. 주택가에 있으면서도 학교, 학원, 병원과 가까워 관련 종사자들에게는 최고의 위치인 집이었다.

좀 더 넓은 집을 구해서 이번에는 5명이 사는 집으로 하고 2인실 2곳, 1인실 1곳으로 배치했다. 이런 조건에 새 아파트인데도 월세는 40만 원에 구할 수 있었다. 만실인 경우 월 116만 원이 들어왔고, 순이익은 74만 원이 들어왔다.

실투자금 대비 연간 임대수익률은 148%가 나왔다. 보증금이 2호점보다 조금 높아서 그렇게 나왔을 뿐 2호점과 실투자금은 큰 차이가 없었고, 순이익은 더 높았다. 하지만 전대차를 활용한 투자이므로 매각을 통한 수익률은 기대할 수 없었다.

구조는 2호점과 거의 흡사했다. 자재도 같았고, 배치방식도 같았다. 침대와 협탁 하나가 더 늘었을 뿐이다. 다만 거실에 소울체어를 설치해서 비용이 더 올라갔다. 소울체어를 놓는 것만으로도 거실의 품격이 올라간다.

3호점은 평수가 크다 보니 거실이 다른 지점들보다 더 넓었다. 휑한 느낌을 줄 수도 있어 책장을 많이 설치해서 수납공간을 넓히고, 소울체어로 안락한 느낌을 주도록 했다. 또한, 거실에 공용 프린터를 설치해서 노트북만 주로 갖고 다니는 입주자들에게 언제든지 문서를 출력

할 수 있도록 배려했다. 부엌은 이미 아일랜드식탁이 설치된 집이라 바 의자만 놓았다.

2인실 A는 원래 작은방 2개 사이에 있던 가벽을 터서 만든 방이었다. 안방보다 훨씬 커서 좋았지만, 수익률은 1인실을 2개로 만드는 것이 더 높았다. 한쪽 벽만 드레스장이 있는 탓에 수납장으로 가벽을 만들어볼까 하다 2인실로 사용하기로 했다. 대신 넉넉하게 쓸 수 있는 공간으로 주자고 생각해서 이렇게 꾸며보았다. 저렴하면서도 공간이 넓어 가장 만족도가 높은 방이 되었다.

확실히 큰 평수가 주는 편안함이 있다. 2인실 B는 원래 안방으로, 개별 욕실과 빨래를 말릴 수 있는 발코니가 마련되었다는 것이 장점이다. A와 B 모두 각기 다른 장점이 있어서 고민하는 사람이 많았다. 오히려 이런 점이 계약률을 높여주었다. 다른 곳과 우리 셰어하우스를 고민하는 것이 아니라, 2인실 A냐 B냐를 고민하다 보니 다른 곳의 기억이 자연스레 사라졌다.

1인실은 원래 작은방이라기보다 알파룸에 가까웠다. 드레스장도 없고, 방 크기도 약간 작았다. 그래서 2단 행거를 설치해주고, 다른 지점들 1인실보다 1만 원 더 싸게 받았다. 그래도 1인실은 항상 인기가 많았다. 아마 모든 방을 1인실로 만들었다면 공실이 하루도 나지 않았을지도 모른다. 그러나 셰어하우스의 원칙은 소통과 공감이다. 함께 지내며 가족이 된다는 점을 고려해볼 때, 모든 방이 1인실이 되면 대화 없는 집으로 변할 것 같아 일부러 2인실을 꼭 넣었다.

이렇게 1년 반이 넘는 기간 동안 소형 아파트부터 세종시 3호점까지 총 8채의 아파트를 구하고, 인테리어를 했다. 거의 두 달에 지점 하나 씩 오픈한 셈이다. 지치고 피곤했지만, 수요에 맞춰 계속 증설하다 보 니 쉴 시간도 없었다.

대전점을 모두 매각하고 나니 시간은 한결 여유로워졌다. 세종시 1 호점은 만실이어도 수익률이 높지 않아 매각해서 임대 투자 이전보다 더 많이 회수되었다. 또한, 세종시 2·3호점에서는 월 130만 원가량의 순수익이 들어왔다. 2년도 안 돼서 투자금 전액을 회수하고도 매각차 익을 내고 매달 130만 원씩 들어오는 시스템을 만들었으니, 이번 프로 젝트는 성공이라고 볼 수 있다.

구분	연간 임대수익률	연 투자 수익률(매각 포함)
갈마동 19평	18%	46%
갈마동 17평	16%	41%
대전 1호점	24%	69%
대전 2호점	18%	37%
세종시 2호점	202%	–
세종시 3호점	148%	–

◀ 1인실

2인실 A

2인실 B

저렴한 인테리어 물품 구입처

인테리어

종류	구입처	장점	단점
도배, 장판	11번가	저렴함, 시간 절약	배송 후 바로 시공 해야 함
욕실, 싱크대	지역 업체(욕실세상)	편리함, 공기 단축	비용 증가
폴딩도어, 섀시	지역 업체	편리함, 공기 단축	중고 대비 비쌈
조명	11번가	저렴함	위험성, 시간이 다소 걸림

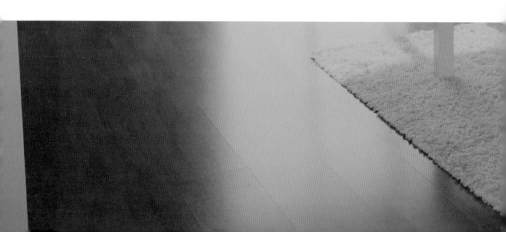

깨알 TIP 2

가전

종류	구입처	장점	단점
냉장고, 세탁기	11번가, 쿠팡 등	저렴함, 편리함, 깨끗함	설치까지 일주일 걸림, 재고품
에어컨	지역 설치기사	가장 저렴함	–
밥솥, 전자레인지	11번가, 쿠팡 등	저렴함	고장률이 높음

가구

종류	구입처	장점	단점
침대, 드레스장	11번가, 쿠팡 등	저렴함	배송일 미정
거실 소파, 테이블	공간미가구	예쁨, 익일 배송	배송비 비쌈
바 의자	중고품 리스토어샵	저렴함, 깨끗함	중고 대비 비쌈

PART 3.

광고부터
계약까지
셰어하우스
A to Z

세어하우스 분위기를
살리는 작은 소품들

PART 3.

01

누구를 받을까?

셰어하우스에 적합한 사람은 누굴까? 여성 전용으로 할까? 남성 전용으로 할까? 나이 제한은 어디까지 둘까? 국적 제한이 필요할까?

02

월세는 얼마를 받을까?

1인실은 얼마를 받아야 적당할까? 2인실은 얼마를 받아야 공실이 안 생길까? 어떤 원룸을 기준으로 가격을 잡아야 할까?

03

홈페이지는 어떻게 만들까?

웹사이트를 만드는 방법이 있고, 블로그를 만들어 사이트 도메인만 씌우는 방법이 있다. 각각의 장단점을 알아보자.

04

계약서와 생활규칙 만들기

셰어하우스만의 독특한 계약서가 필요하다. 서로를 위한 생활규칙 가이드라인을 만들어 두면 6개월이 편하다. 어떻게 만들면 좋을까?

05

온라인 홍보

셰어하우스 입주자 대부분은 온라인을 통해 연락이 온다. 온라인 광고만 잘하면 만사 OK! 네이버와 직방에 광고 올리는 법, 입주신청서 만드는 법을 보고 따라 해보자.

06

면접 보기

불량 세입자를 차단하기 위해서는 면접은 필수다. 공실보다 무서운 것은 불량 세입자라는 점을 명심하자.

07

계약하기

방을 보여주고 나서 세입자가 가장 많이 하는 말은 "좀 더 둘러보고 올게요"다. 이러한 말 없이 바로 계약으로 이어지는 노하우를 배워보자.

08

재계약 유도하기

새로운 사람을 10명 구하는 것보다 재계약 1건을 해내는 편이 훨씬 낫다. 재계약을 하면 얻을 수 있는 이점과 입주자별 재계약 유도 방법을 알아보자.

누가 살아야 좋을까?

   셰어하우스 입주자를 선정하는 일은 매우 중요하다. 대학생과 직장인이 함께 살면 출근 시간과 등교 시간이 달라 아침에 화장실을 사용하는 데 불편함이 없겠지만, 수면 시간마저 다르다면 다른 사람에게 피해를 줄 수 있다. 그래서 되도록 수면 패턴이 비슷한 사람끼리 함께 살도록 해야 한다. 대면하는 시간이 비슷하면 대화를 오래 나눌 수 있고, 음식을 함께 만들면서 쉽게 친해질 수 있다. 처음에는 이 부분까지 신경 쓰지 못한 탓에 사람들의 불만이 제기됐다. 2기 멤버를 모집할 때는 생활 패턴까지 고려해서 분류했다.

   셰어하우스를 만들면서 여성 전용으로 만들기로 했다. 남성 전용의 셰어하우스를 만들어달라는 문의도 빗발쳤지만, 결국 만들지 못했다. 우선 카페라는 테마가 남성보다는 여성에게 적합했고, 아파트는 남성보다 여성에게 장점이 더 많았다. 원룸 등에 살다 보면 남성보다 여성이 범죄에 노출될 위험이 크기 때문이다. 남성은 상대적으로 이런 위험도가 낮아 자취방을 선택하는 데 가격이 큰 영향을 끼친다. 그럼 당연히 확률이 높은 곳에 베팅하는 것이 옳은 선택이기에 여성 전용으로 테마를 잡았다.

   카페라는 콘셉트를 잡은 덕분에 젊은 여성은 물론, 40대 여성에게도 인기가 많았다. 하지만 셰어하우스의 연령대가 너무 다양하면 세대 간의 갈등이 야기될 수 있고, 대화가 통하지 않을 가능성이 컸다. 그래서인지 서울의 셰어하우스들도 비슷한 기준을 적용했다.

우리는 연령대를 35세 이하로 제한하고, 결혼한 사람은 받지 않았다. 실제로 운영해보니 약간의 융통성을 발휘해야 할 일이 종종 발생했다.

서울은 다국적 셰어하우스가 많았다. 그러나 지방에서는 중국 유학생 외에는 외국인을 구하기가 쉽지 않을뿐더러 다국적으로 인한 장점보다는 불편한 점이 더 많아 외국인은 받지 않았다. 입주 제한을 강하게 걸어두면 공실이 생길까 봐 걱정되기도 했지만, 좋은 사람들을 들여야 다른 사람들이 피해를 받지 않고 오랫동안 거주할 수 있었다. 질 좋은 입주자를 모으는 것이 셰어하우스 운영 비법의 핵심이라는 점을 다시 한 번 깨달았다. 나중에는 꽤 쓸 만한 입주자라 판단되면 약간의 웃돈을 주어서라도 스카우트를 했다.

얼마로 정할까?

월세를 얼마로 정해야 사람들이 들어올까? 보증금은 얼마로 하는 것이 가장 좋을까? 이런 고민을 꽤 오래 했다. 서울과 지방은 다르기에 서울 기준을 지방에 적용할 수 없었다. 서울은 두 달 치 월세를 보증금으로 받았다. 지역에 따라 다르지만 1인실은 50만 원이 넘고, 2인실 등은 10만 원 정도의 격차가 났다.

지방에서는 셰어하우스가 생소한 데다 엔터테인먼트보다는 숙소라는 인식이 강한 탓에 원룸보다 월세를 낮게 책정해야 했다. 그런데 대학가 앞에는 원룸의 가격이 천차만별이었다. 월세가 15만 원도 있었고, 40만 원도 있었다. 결국 월 30만 원 정도의 원룸을 기준으로 삼고, 1인실은 30만 원보다 싸게 책정했다. 2인실은 20만 원 이상 받았다. 1인실과 2인실의 가격 차이가 너무 작으면 2인실 불만이 심하고, 반대로 너무 크면 1인실 불만이 심하다. 적당히 조절해야 할 필요가 있었다. 처음에는 2인실을 모집하기가 어려워서 월 20만 원을 받다가 다음 해에 2인실은 22만 원, 1인실은 28만 원을 받아서 총 100만 원의 월세를 받았다. 6~7만 원 정도의 차이가 지방에서는 적당한 듯했다.

월세가 1만 원이 오를 때마다 4인 지점인 경우 월 4만 원이 오르는 효과가 나고, 연 48만 원이 차이 나기에 임대수익률이 엄청나게 올랐다. 충남대에서 독점으로 셰어하우스를 운영할 때 가격을 올리고 싶은 욕구가 있었다. 하지만 학생들에게 저렴하게 집을 공급해주자는 대의를 갖고 시작했기에 적당한 수익률에서 만족해야 했다. 덕분에 후발주자로 들어온 셰어하우스들도 가격을 우리와 비슷하게 책정했다.

세종시의 경우 우리보다 5만 원 이상 받던 셰어하우스들은 모두 사라졌고, 충남대의 경우 우리와 같게 유지하느라 제대로 수익을 내지 못했다. 학생들에게 저렴하고 질 좋은 숙소를 제공하는 셈만 되었다. 나는 집을 싸게 사서 인테리어 시공을 직접 하고, 자재를 대량으로 주문하며, 중개업소를 거치지 않은 채 직접 입주자를 구하는 원스톱방식이라 수익률이 꽤 났다. 그러나 나머지는 업체에 맡기면서 예쁘고 비싼 자재로 꾸미는가 하면, 중개업소에 맡기거나 직원을 두었기에 마진이 나지 않았다. 아마 1년만 더 끌고 갔으면 후발주자들이 다 사라지지 않았을까 싶다.

또한, 금리를 계속 내리고 있는 추세였기에 대출이자는 낮아지고, 순이익은 계속 늘어났다. 금리가 오르면 어차피 모든 임대사업자가 월세를 올리므로 순이익에 지장 없을 정도로만 월세를 조금씩 올리면 된다.

보증금은 100만 원

보증금을 안 받으면 입주자가 많이 올 수 있으나, 월세를 못 내는 일이 발생할지도 모른다. 보증금 낼 돈도 없는 사람들이 들어올 수도 있기 때문이다. 반대로 보증금을 너무 높게 받으면 입주자가 불안해한다. 아파트 특성상 입주자 모두 전입신고를 할 수 없다 보니 임대차보호법을 적용받을 수 없기 때문이다.

하숙집에 보증금이 있듯 셰어하우스도 최소한의 보증금을 받아야 입주자가 불안해하지 않는다. 그래서 처음에는 두 달 치 월세를 보증금으로 하다가 퇴실 시 계산하기 귀찮아서 보증금은 100만 원으로 고정했다. 덕분에 실투자금은 약간 줄고, 임대수익률은 조금 더 올라가는 계기가 되었다.

계약금은 10만 원

입주 희망자들이 직접 구경을 오거나 전화로 예약한 경우 계약금을 받고 계약서를 작성한다. 이럴 때 계약금을 꼭 받아야 차후에 다른 말이 나오지 않는다. 경쟁이 워낙 심한 탓에 방을 한 곳만 보는 것이 아니라, 여러 곳을 보고 여러 곳에서 흥정이 들어오기 때문이다. 심지어 상대 쪽 계약금을 물어줄 테니 자기네로 오라는 일도 있다.

계약금을 많이 달라고 하면 입주자는 부담스러워한다. 그래서 10만 원 정도로 책정했다. 부담도 없을뿐더러 부득이 계약을 해지할 때 치러야 할 최적의 금액이 아닌가 싶다. 입주자가 100명이라면 10만 원을 걸고 계약을 파기하는 사람은 2명 정도 되는 것 같다.

이런 경우를 대비하기 위해서는 홈페이지에 게재된 입주신청서를 보고 문의하는 사람들에게 상담 시 현재 만실인데 추후 자리가 날 수 있다고 말하며 대기번호를 부여한다. 그리고 계약 해지 시 대기번호순으로 전화를 돌린다. 전화로 예약할 때 계약금 10만 원을 입금하면 입주와 동시에 입주신청서를 작성한다. 그 전에 대신 문자로 보증금과 계약금, 월세를 안내하고 답장을 받아서 증거로 활용한다.

셰어하우스 홈페이지 제작하기

홈페이지를 제작하면 장점이 많다. 먼저 굳이 매번 입 아프게 말하지 않아도 된다. 홈페이지에 게시된 사진과 설명을 보고 전화 오는 사람들은 입주를 결심한 경우가 많아 계약으로 이어질 가능성이 크다. 또한, 고객에게 신뢰감을 줄 수 있다. 홈페이지에 연동된 여러 지점을 둘러보다 보면 '이렇게 여러 곳을 운영하는 업체인데 계약금 10만 원은 떼이지 않겠지'라며 안심하게 된다.

그럼 여러모로 유용한 홈페이지를 어떻게 제작하고 운영하면 좋을까?

이름 짓기

사람과 마찬가지로 셰어하우스도 한번 이름을 지으면 쉽게 바꾸기 어렵다. 특히 이름에는 이름과 부합되는 이미지가 연상되어야 좋은 브랜드로 자리매김할 수 있다. 그래서 고민에 고민을 거듭하다 '힐링'이라고 지었다. 지치고 힘든 도시의 청년들에게 에너지를 주는 쉼터가 되자는 의미다.

이름을 지었다면 선점해야 한다. 어차피 세종시나 대전이나 셰어하우스가 전무하던 시절이라 겹치는 이름은 없었다. 그래도 후발주자들을 따돌리기 위해서 좋은 이름을 먼저 네이버에 등록할 필요가 있었다.

우선 도메인을 샀다. 여러 도메인이 있지만, 셰어하우스와 힐링이라는 단어가 들어가야 좋다. 도메인 비용은 1년에 3만 원으로, 비싸다고 생각할 수도 있다. 하지만 지점이 하나여도 3만 원이고, 10개여도 3만 원이다. 잘되면 지점을 늘려갈 것이기에 바로 도메인을 샀다.

블로그 만들기

그다음은 웹사이트로 만들 것인가, 블로그로 운영할 것인가 결정해야 했다. 웹사이트로 만들면 디자인 면에서 완성도가 높아 고객에게 신뢰감을 줄 수 있는 반면, 제작비용이 모바일 홈페이지를 포함해서 100만 원가량 들어가고 네이버 검색어에 사이트가 검색되지 않는다. 반대로 블로그로 홈페이지를 운영하면 검색어에 걸려서 홍보효과가 플러스 되고 비용이 들지 않는 반면, 신뢰감이 다소 부족할 수 있다. 결국 웹사이트와 블로그 중 한참 고민하다가 결정한 것은 블로그였다. 홍보가 더 중요했기 때문이다. 신뢰도 문제는 자주 글을 올리고, 고객과 소통하는 것으로 해결해보기로 했다.

블로그를 만드는 것은 간단하다. 세종시 1호점, 대전 1·2호점 등으로 카테고리를 분류한 다음 지점별 배치도와 사진, 옵션사항, 비용, 공실 여부를 등록한다. 그리고 블로그 스킨이나 대문을 깔끔하게 꾸며 고객의 시선을 사로잡는다. 이때 도메인을 사서 사이트명(.com)으로 만들어주면 블로그도 포털에서 검색된다.

▼ 네이버 웹마스터도구로 접속해 사이트를 등록하고, 1~2주 기다리면 된다.

입주신청서 만들기

여기에 하나 더, 전자신청서 시스템을 만들었다. 사진을 보고 입주신청 버튼을 누른 뒤 자신이 원하는 지점과 방을 쓰고, 개인정보를 입력하면 차후 연락받을 수 있는 일종의 예약 시스템이다. 전화보다는 입주신청서를 작성하는 것을 더 편하게 느끼는 사람들이 있어서 일부러 만들었다. 예약하면 누가 먼저 예약했는지 순서대로 기록이 남기 때문에 헷갈릴 염려도 없다.

만드는 방법은 간단하다. 네이버 오피스 폼에서 질문을 만들고 링크를 복사해서 홈페이지나 블로그에 게시하면 입주신청서를 네이버에서 관리할 수 있다. 스마트폰으로도 신청서를 관리할 수 있어서 시간 면에서도 효율적이다.

필수적인 내용은 꼭 넣자. 입주신청서를 받으면 입주 희망자와 통화할 때 자연스럽게 대화를 이어갈 수 있고, 따로 메모할 필요가 없어서 편리하다. 입주신청서 양식에 내용만 변경하면 입주자의 불편사항을 접수하는 창구로 활용할 수도 있다. 비공개로 불편사항을 전달할 수 있기에 바로 접수가 가능하고, 불편을 주는 입주자를 빨리 알아내 조처를 할 수 있다.

1. 이름
2. 연락처
3. 희망 지점
4. 희망 자리
5. 희망 입주일
6. 알게 된 경로
7. 셰어하우스 또는 기숙사 경험
8. 직업 또는 전공학과

▼ 입주신청서 양식과 결과보기(네이버 오피스 폼 활용)

셰어하우스 힐링 입주신청서

입주신청서입니다. 빠짐없이 입력해주세요~

'*'는 필수항목 입니다.

1. 지점선택 *

하나만 선택해주세요.

○ 세종1호점 (아름동)-여성전용
○ 대전1호점 (충남대)-여성전용
○ 대전2호점 (충남대)-여성전용

2. 방선택

방을 선택해주세요(예시 : 1인실 A-2, 2인실 B-1 등 침대까지)

[   ]

3. 입주희망일 *

[2016.11.28]

6.생년월일 *

[2016.11.28]

7.연락처 *

[   ] - [   ] - [   ]

12. 셰어하우스 '힐링'을 알게 된 경로

어떻게 알게 되셨나요?

○ 인터넷(네이버/다음)
○ 지인추천
○ 공무원게시판
○ 대학게시판
○ 기타 :
[   ]

8. 긴급연락처 *

직장, 가족 등 긴급연락처를 알려주세요.

[   ] - [   ] - [   ]

50명 응답   [응답 별 결과보기 >]

요약

1. 지점선택

세종1호점 (아름동)-여성전용	6	12%
대전1호점 (충남대)-여성전용	15	30%
대전2호점 (충남대)-여성전용	9	18%

■세종1호점 (아
■대전1호점 (충

입주계약서와 생활규칙 만들기

셰어하우스는 여러 명이 함께 사는 곳이기에 문제를 일으키는 입주자는 언제든 내보낼 수 있는 규정이 필요하고, 사전에 안내를 반드시 해야 한다. 셰어하우스만의 입주계약서를 만들어두면 이런 만일의 사태를 방지할 수 있다. 계약서는 법적 효력을 가지므로 세입자와 나, 둘 다 보호할 수 있는 중요한 자료다.

생활가이드는 강제하는 것은 아니지만, 입주자들끼리 첫날 모여 방장을 뽑고 규칙을 정할 때 편리하도록 만들어놓은 가이드라인이다. 입주자들끼리 서로 합의했다면 규칙을 바꿔 사용해도 된다. 규칙 만들기를 입주 초기에 하지 못하면 앞으로 생활하면서 갈등을 겪을 가능성이 크다. 그러면 입주자는 물론 운영자도 스트레스를 받는다.

첫날이 중요하다. 편한 분위기에서 방장을 뽑고 규칙을 정할 수 있도록 운영자가 분위기를 조성해야 한다. 그래서 매 기수가 시작되는 3월 1일과 9월 1일이 가장 바빴다.

셰어하우스 힐링 생활가이드

힐링 가족이 되신 것을 환영합니다!
셰어하우스에 잘 적응하기 위해서 다음 내용을 잘 숙지해주시기 바랍니다.

1. 준비할 것 챙기기

셰어하우스 힐링은 입주인의 편리를 위해 생활용품을 비치해두었습니다. 하지만 침대커버, 이불, 베개, 세면도구 등은 개인이 지참하는 것이 좋습니다. 침구류(매트커버, 이불, 베개)를 받기 원하면 입주 전에 말씀해주세요. 대여해드립니다. 단, 월 임대료 2만 원이 추가됩니다.

2. 아직 공실이 있는 경우

새로운 입주인을 받기 위해 공실이 있는 셰어하우스 지점으로 견학을 오는 일이 종종 발생합니다. 이런 경우 방장을 통해 미리 알리니, 시간이 되는 입주인들은 견학 시 간단한 면접을 하셔도 됩니다.

3. 생활비를 걷자!

관리비와 생활비는 예상하기가 어려울뿐더러 매달 지출되는 돈입니다. 관리비와 생활비를 여유 있게 미리 걷어서 쓰고 남은 돈은 다음 달 생활비로 쓰거나 입주인들끼리 치맥 파티 등을 하는 것은 어떨까요?

4. 청소하자!

청소를 깨끗이 해야 서로에게 피해를 주지 않겠죠? 자신의 방은 자신이 하고, 공동 생활구역인 주방, 거실, 욕실, 베란다는 일주일씩 구역을 돌아가며 청소하는 것은 어떨까요? 그리고 매월 마지막 주 일요일 오후는 다 같이 대청소한 후 저녁을 먹으러 나가면 마음도 시원하겠죠?

5. 요리하자!

넓은 아파트에 다양한 조리시설이 완비된 집을 놔두고 굳이 밖에 나가서 밥을 사 먹을 필요는 없어요. 힐링 가족끼리 걷은 생활비로 장을 보고 밥을 해서 먹으면 식비도 줄뿐더러 밥 먹는 재미도 생기겠죠? 일주일씩 요리 당번, 설거지 당번을 정해서 하면 서로의 요리 실력도 볼 수 있지 않을까요?

6. 놀라지 마세요!

셰어하우스 견학 및 면접, 수리 등을 위해 매니저가 방문할 수도 있습니다. 이럴 때 사전공지를 통해 방문 시간을 안내해드립니다.

7. 재계약은 한 달 전에

재계약을 원하는 힐링 가족은 계약 만료 최소 한 달 전에 매니저에게 알려주세요. 그렇지 않으면 재계약을 못 할 수도 있습니다. 계약 기간은 3월부터 8월까지, 9월부터 2월까지 6개월 단위로 진행합니다.

8. 문화를 즐기자!

새로운 힐링 가족이 오면 웰컴 파티를 해봐요. 간단히 치맥을 해도 좋고, 고기를 구워 먹어도 좋습니다. 다들 모여서 가족이 된 것을 환영해줘요. 그리고 짝 수 달 마지막 주에는 힐링데이가 진행됩니다. 영화 파티, 삼겹살 파티, 치맥 파티, 와인 파티 등 다양한 이벤트가 진행되니 힐링데이에 꼭 참석해주세요.

9. 불편한 것이 있다면?

셰어하우스를 이용하면서 불편한 점이 있다면 방장에게 말하거나 힐링 매니저에게 네이버 쪽지, 메일 또는 문자메시지, 카카오톡을 통해 알려주세요. 해결할 수 있도록 노력해보겠습니다.

10. 물건 사용이 어려워요!

가전·가구 사용법이 어렵다면(특히 커피머신) 사용설명서함을 열어보세요. 사용설명서함에는 필요한 소모품들과 사용설명서가 들어 있답니다.

11. 쓴 물건은 반드시 제자리에!

쓰레기처리기 카드, 입주자 카드 등 사용한 물건은 제자리에 갖다놓아야 다른 힐링 가족들이 사용할 수 있어요. 없으면 불편하니 반드시 제자리에 갖다놓아주세요.

12. 친구나 가족 방문은 자제합시다!

더불어 사는 공간에 친구나 가족을 데려오면 다른 분들에게 민폐를 끼치는 것이겠죠? 데려오지 않는 것을 원칙으로 하되, 불가피한 경우 입주인들의 동의를 얻으세요. 그리고 방문 시간은 낮 시간 이내로 하는 것은 어떨까요?

13. 밤에는 조용히!

아침 일찍 일어나야 하는 다른 가족들을 위해서 밤 10시 이후에는 거실 사용을 자제하고, 자기 방에서 조용히 지내는 것은 어떨까요?

셰어하우스 입주계약서

셰어하우스 힐링과 입주자는 다음 계약내용과 같이 입주계약을 체결한다.

1.위 치

위 치			
형 태	아파트	입주구역	1인실 (B-1)

2. 계약내용

제 1 조 (목적) 셰어하우스 힐링과 입주인은 합의에 의하여 보증금(2달분) 및 월임대료를 아래와 같이 지불하기로 한다.

보 증 금	금 일백만원정(₩1,000,000)	
계 약 금	금 십만원정 (₩100,000) 은 계약시에 지불하고 영수함.	
중 도 금	금 원정은 년 월 일에 지불하며	
잔 금	금 구십만원정은(₩900,000)은 201 년 월 일에 지불한다.	
월임대료	금 이십팔만원정(₩280,000)은 (선불로) 매월 1일에 지불한다.	

제 2조 (존속기간) 셰어하우스 힐링은 201 년____월____일까지 입주인에게 인도하며, 임대기간은 인도일로부터 201 년___ 월____일까지로 한다.
제 3조 (용도변경 및 전대 등) 입주인은 셰어하우스 힐링의 동의없이 위 부동산의 용도나 구조를 변경하거나 전대임차권 양도 또는 담보제공을 하지 못하며 임대차 목적 이외의 용도로 사용할 수 없다.
제 4조 (계약의 해지) 입주인이 계속하여 2회 이상 월임대료 지급을 연체하거나 제3조를 위반하였을 때 셰어하우스 힐링은 즉시 본 계약을 해지 할 수 있다.
제 5조 (계약의 종료) 계약이 종료된 경우에 입주인은 위 부동산을 원상으로 회복하여 셰어하우스 힐링에게 반환한다. 이 러한 경우 셰어하우스 힐링은 보증금을 입주인에게 반환하고, 연체 임대료,관리비 또는 시설 손해배상금을 제하고 그 잔액을 반환한다.
제 6조 (계약의 해제) 입주인이 입주전에 계약을 해지할시 셰어하우스 힐링은 계약금을 반환하지 않는다. 입주 후 계약기간 이 만료되지 않았음에도 입주인이 계약을 해지코자 할 경우 셰어하우스 힐링은 입주인의 보증금에서 한달분의 임대료와 관 리비, 시설 손해배상금을 제하고 잔액을 반환한다. 또한 다른 입주인들에게 피해를 주는 행동을 하는 경우 힐링매니저와 다른입주인들의 상의하에 계약을 해지할 강제퇴거를 실시할 수 있다. 이때 입주인의 보증금에서 한달분의 임대료와 관리 비, 시설 손해배상금을 제하고 잔액을 반환한다.
제 7조 (전입신고 제한) 셰어하우스를 대상으로는 전입신고 및 확정일자를 받을 수 없다.
제 8조 (성실의 의무) 셰어하우스 입주자들과 성실히 협력하여 생활할 의무가 있으며, 협력에 불성실할 경우 퇴실조치를 받을 수 있다.
제 9조 (비용 및 역할분담) 관리비 및 생활비는 입주자들끼리 분담한다. 입주시기가 다를 경우 일할계산 하도록 한다.
제 10조 (방장의 선출) 방장1인을 선출한다. 방장은 입주자들간 투표를 통해 선출한다. 방장에 선출된 자는 매월 1만원을 할인받는다.
제 11조 (방장의 역할) 방장은 셰어하우스 매니저의 공지사항을 입주자에게 안내할 의무가 있으며, 입주자들간 생활규칙을 정하고 이를 감독한다. 또한 입주자들의 건의사항을 모아 매니저에게 전달할 수 있다. 관리비는 매달 방장이 거두어 해당 금액을 셰어하우스에 송금한다.

특약사항

1. 옵션사항 (에어컨,침대,냉장고,소파,책상,협탁,선반,주방기구,커피머신세트 등 일체)

2. 입금계좌 (은행   예금주 :   )

3. 월세납부일 매월 1일(선불)

본 계약을 증명하기 위하여 계약 당사자가 이의 없음을 확인하고 각각 서명날인한다.   201 년   월   일

임대인	주 소					
	주민등록번호		성명		전화	
입주인	주 소					
	주민등록번호		성명		전화	

임대인, 임차인은 매장마다 간인하여야 하며, 각 1통씩 보관합니다.

▲ 입주계약서 예시

셰어하우스 입주계약서,
생활가이드 다운로드

온라인을 공략하자

요즘 젊은 사람들은 인터넷으로 집을 구할 때가 많다. 가격과 위치를 한눈에 비교할 수 있어 합리적인 선택이 가능하기 때문이다. 인터넷으로 내부구조와 위치, 가격을 알아본 뒤 눈으로 직접 확인하고 결정한다. 그래서 온라인 홍보가 중요하다. 예전처럼 가격이나 내부구조를 공개하지 않고 우선 와서 보고 이야기하자는 방법은 더는 통하지 않는다. 보여줄 것은 확실히 다 보여주고, 가격도 오픈해서 합리적인 선택을 할 수 있도록 도와주는 편이 오히려 낫다.

우리 셰어하우스 홈페이지에 들어가면 내부구조, 옵션내역, 위치, 가격을 모두 알 수 있다. 덕분에 오래 고민하지 않고, 전화로 계약하는 일도 상당하다. 방을 보여주는 수고를 할 필요도 없이 계약하거나 예약 대기자를 받을 수 있다.

온라인으로 홍보하는 방법은 크게 네이버 검색광고를 활용하는 방법과 직방, 다방 등 어플을 활용하는 방법이 있다. 이 두 가지만 잘해도 홍보가 충분히 된다.

1. 가입 후 방내놓기를 클릭한다.
2. 직거래로 내놓기를 클릭한다.
3. 위치, 사진, 옵션, 금액 등을 입력한다
4. 입력이 완성되면 광고가 뜬다.

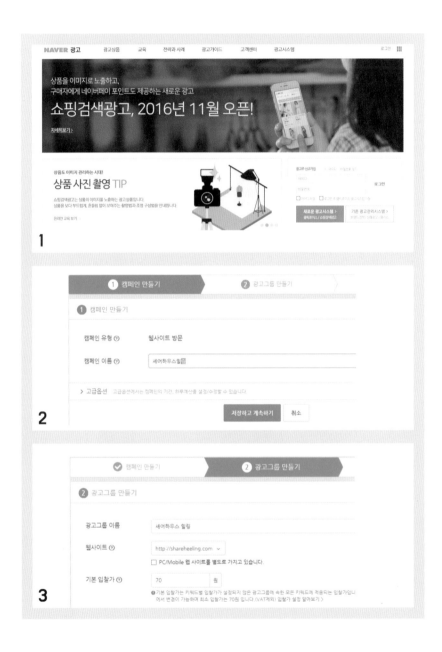

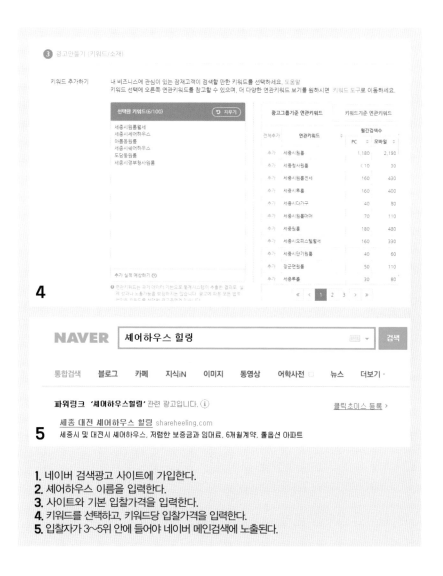

3 광고만들기 (키워드/소개)

키워드 추가하기　내 비즈니스에 관심이 있는 잠재고객이 검색할 만한 키워드를 선택하세요. 도움말
　　　　　　　　키워드 선택에 오른쪽 연관키워드를 참고할 수 있으며, 더 다양한 연관키워드 보기를 원하시면 키워드 도구로 이동하세요.

선택한 키워드(6/100)	↺ 지우기
세종시원룸월세	
세종시세어하우스	
아룸동원룸	
세종시세어하우스	
도담동원룸	
세종시정부청사원룸	

추가 실적 예상하기 ⑦

광고그룹기준 연관키워드		키워드기준 연관키워드	
전체추가	연관키워드	월간검색수	
		PC	모바일
추가	세종시원룸	1,180	2,190
추가	세종청사원룸	< 10	30
추가	세종시원룸전세	160	430
추가	세종시투룸	160	400
추가	세종시다가구	40	80
추가	세종시원룸매매	70	110
추가	세종원룸	180	480
추가	세종시오피스텔월세	160	330
추가	세종시단기원룸	40	60
추가	장군연립통	50	110
추가	세종투룸	30	80

❶ 연관키워드는 과거 데이터 기반으로 통계시스템이 추출한 결과로 실
제 입력과 노출가능을 보장하지 못합니다. 광고에 따른 모든 책임…

« 〈 **1** 2 3 〉 »

4

NAVER　│ 세어하우스 힐링 │ ⌨ ▾ │ **검색**

통합검색　블로그　카페　지식iN　이미지　동영상　어학사전 ⎘　뉴스　더보기 ·

파워링크 '**세어하우스힐링**' 관련 광고입니다. ⓘ　　　　　　클릭초이스 등록 〉

세종 대전 세어하우스 힐링 shareheeling.com
5　세종시 및 대전시 세어하우스, 저렴한 보증금과 임대료, 6개월계약, 풀옵션 아파트

1. 네이버 검색광고 사이트에 가입한다.
2. 세어하우스 이름을 입력한다.
3. 사이트와 기본 입찰가격을 입력한다.
4. 키워드를 선택하고, 키워드당 입찰가격을 입력한다.
5. 입찰자가 3~5위 안에 들어야 네이버 메인검색에 노출된다.

[PART 3]
광고부터 계약까지 세어하우스 A to Z

면접 보기(전화, 대면)

　서울의 셰어하우스는 입주자 신청을 받고 면접을 본다. 기존의 사는 사람들과 입주 희망자가 만나 대화의 시간을 가진 후 기존의 입주자들이 회의를 거쳐 들일지 말지 결정한다. 돈만 낸다고 입주하는 것이 아니라서 경쟁이 치열하지만, 서로 간의 만족도가 높다.

　그러나 지방의 셰어하우스는 이런 시스템을 도입하기가 어려웠다. 경쟁률이 치열하지 않은 탓에 희망하는 사람은 누구나 들어올 수 있고, 이를 거부하기도 힘든 상황이었다. 대학생들은 아르바이트하느라 시간을 맞추기가 쉽지 않고, 세종시도 주요 타깃층이 공무원들이기에 퇴근이 늦었다. 그러다 보니 면접을 보는 것을 귀찮아했다.

　셰어하우스가 널리 알려지고 입주 희망자가 많아져서 경쟁률이 높아질 때까지는 다른 방법이 필요했다. 그래서 나름대로 선택한 방법이 문의 전화가 왔을 때나 방문 견학을 왔을 때 대화를 통해서 성격을 파악하고 입주자를 거르는 것이었다. 누군가와 마찰을 일으킬 것 같은 사람들은 대화를 몇 마디만 해봐도 느낌이 온다. 경쟁률도 높지 않은 상태에서 느낌만으로 사람을 거른다는 것이 다소 위험하지만, 기존의 사는 사람들을 위해서는 꼭 필요한 일이다.

　4차원적인 성향을 띠거나 쏘는 말투를 가졌거나 과도하게 질문이 많은 등 누군가와 같이 살기 힘든 사람들은 말투에서도 특징을 보인다. 전화로 대화를 이끌어가다 보면 어느 정도 특징을 파악할 수 있다. 이런 경우 방이 없다고 하거나, 문의가 끝나고 계약하기 위해 다시 전화가 오면 이미 계약되었다고 대답하는 방법을 쓴다. 목소리만으로 누군가를 판단하는 것이 어렵다고 생각할 수 있지만, 임대사업을 조금 운영해보면 어떤 뜻인지 이해될 것이다.

대면을 해보면 이런 성격을 찾아낼 확률이 훨씬 더 높아진다. 대면후 문제가 있다고 판단되면 기존 입주자들과 마찰이 있을 시 즉시 퇴실이라는 점을 강조하고, 한 번 더 신중히 생각한 후 계약해달라고 말한다. 계약 후 문제가 있다면 바로 퇴실시키기도 한다. 계약 전에 강조한 사항이므로 이런 절차를 거친다면 문제가 있는 입주자가 들어와도 퇴실시키기가 쉽다.

한 방에 계약하는 비법

임대사업을 하면서 가장 큰 스트레스는 여러 방을 보여주고 나서 계약하지 못했을 때다. 마치 사자가 사냥을 위해 열심히 뛰어다니고서도 토끼 한 마리를 잡지 못한 것 같은 기분이 든다. 더욱이 2월과 8월은 극성수기로 이때 입주자를 받지 못하면 한동안 연락이 없으므로 혹시나 공실이 날까 봐 초조함이 극에 달한다.

다행인 점은 충분히 만실을 채울 기회가 있다는 것이다. 경쟁률이 없는 셰어하우스도 문의는 들어온다. 오는 기회만 잘 잡으면 공실 걱정은 안 해도 된다.

전화 문의를 바로 계약으로 연결하기

2월은 전화 문의가 많이 오고, 방도 빨리 빠져나간다. 그래서 전화 통화만 잘하면 방을 보여주지 않고도 바로 계약으로 연결할 수 있다. 방을 보여준 다음에 계약하려고 하면 방만 보여주다가 허탕만 치고 시간을 허비할 수 있으므로 되도록 전화로 계약을 유도하는 것이 좋다.

방법1. 전화가 왔을 때 금방 전화한 사람인 줄 착각하는 방법으로, 계약할 확률이 가장 높다. 일부러 그럴 때도 있고, 정말 전화가 많이 와서 그럴 때도 있다. 이럴 경우 의도하거나 의도치 않게 입주 희망자에게 초조함을 안겨줄 수 있다. 전화가 많이 와서 착각했다고 양해를 구한 후 위치와 계약 내용, 옵션 등에 대해 충분히 설명한다. 홈페이지를 통해 더 꼼꼼하게 볼 수 있다고 말하면 바로 계약금부터 보내고, 방문 후 계약서를 작성할 때가 많다.

방법2. 전화로 자리가 딱 하나밖에 남지 않았으며, 지금 막 난 자리라고 설명한다. 실제로 이렇게 설명한 자리들이 계약으로 이어졌다. 자리가 많이 남았다고 하면 혹시 문제가 있는 것은 아닌지 의심하는 탓에 전화만으로는 계약하려고 하지 않는다. 반면 지금 막 난 자리라고 하면 마음이 조급해져서 빠른 계약을 이끌어낼 수 있다. 이때 1인실보다 2인실을 한 자리밖에 남지 않았다고 하는 편이 좋다. 1인실은 언제든 들어올 사람이 많기 때문이다. 2인실은 학기 중에 구하기 어려울뿐더러 방을 보러 자주 방문하면 같이 사는 룸메이트에게 피해가 갈 수 있으므로 되도록 2인실부터 계약을 성사시킨다.

아무래도 방은 직접 보고 계약하는 사람들이 가장 많다. 2월이 아닌 비수기는 더욱 그렇다. 셰어하우스 바로 옆에 살지 않는 이상 방을 보여주러 왔다 갔다 하는 것도 시간이 많이 소요되므로 되도록 한 번에 계약으로 연결하는 것이 중요하다.

방법1. 첫 만남부터 헤어질 때까지 친절함을 유지한다. 과도하게 설명할 필요도 없다. 질문에 친절하게 응대해주는 것이 중요하다. 너무 말이 많으면 급해 보여서 거부감이 들고, 너무 말이 없으면 무뚝뚝해 보여서 거리감이 생긴다. 거리감을 없애고 사적인 이야기를 할 정도로 친근감을 주는 것이 좋다. 세입자라면 심리적인 안정감을 주는 집주인을 선호할 것이다.

방법2. 거실 소파에 앉혀라. 각 방과 욕실, 주방 등을 보여주고 마지막은 거실로 안내해서 소파에 앉히면 성공률이 높아진다. 자연스럽게 계약서와 생활가이드를 보여주면서 앉히면 된다. 셰어하우스에서 인테리어와 자재에 가장 신경을 많이 쓴 곳이 거실이기에 거실 소파에 앉히고, 레일조명까지 켜면 카페에 있는 것 같은 느낌이 난다. 폴딩도어로 보이는 테라스와 편안한 인테리어를 둘러보면 살고 싶다는 생각이 들 것이다. 원룸의 좁은 방보다는 셰어하우스의 넓은 거실이 훨씬 매력적이기 때문이다.

방법3. 멀리서 보러 왔다면 셰어하우스 근처 카페에서 커피 한 잔을 대접한다. 멀리서 왔다면 원룸을 포함해서 여러 방을 보고, 그중 한 군데를 그날 결정해야 하기 때문이다. 여러 방을 보느라 피곤한 상태이기에 여름에는 시원한 커피를, 겨울에는 따뜻한 커피를 대접하면서 이런저런 이야기를 나누면 그 자리 또는 그날 안으로 계약할 가능성이 크다.

지역마다 다르겠지만, 대학가 앞의 카페는 저렴하다. 차 두 잔에 디저트까지 시켜도 1만 원이 채 안 된다. 아까운 돈이라 생각하지 말고 베풀면 방 보여주러 왔다 갔다 하는 기름값보다 더 많은 돈이 절약된다.

최고의 방법은 재계약

신규 입주자를 잘 모으는 것보다 더 좋은 방법은 기존의 입주자들이 재계약을 하게 만드는 것이다. 방을 보여줄 필요도 없고, 이미 시스템을 알고 있어서 설명할 필요도 없다. 한번 살아보면서 검증된 사람들이기에 재계약을 유도하는 것이 가장 중요하다.

보통 계약 만료 한 달 전에 재계약 여부를 묻는데, 그냥 계약할지 말지를 알려달라고 하면 재계약하지 않을 수도 있다. 직장인이 많은 세종시의 경우 다들 바쁜 데다, 별다른 대안도 없는 탓에 재계약률이 높다. 하지만 대학교의 경우 2월, 8월이 되면 엄청난 경쟁이 시작된다. 재계약하려던 사람도 다른 곳으로 갈 수 있다.

1. 대학생의 경우

대학생에게는 재계약 시 첫 달 5만 원 또는 10만 원 할인을 내건다. 이들이 다른 곳으로 가려는 이유는 새로운 곳에 살고 싶어서 또는 더 싼 곳을 알아냈기 때문이다. 하지만 계약 시 이런 조건을 내걸면 애초에 다른 곳을 찾아볼 생각조차 하지 않는다. 아무리 싸다고 해도 이것만큼 유리한 조건은 찾기 힘들 것이다. 월 1~2만 원 할인은 싸다는 느낌을 주지도 못할뿐더러 수익률만 낮아진다. 형편이 빠듯한 대학생에게는 첫 달에 크게 할인해주는 편이 훨씬 효과적이다.

2. 직장인의 경우

직장인은 6개월이라는 계약 기간이 마음에 들어 셰어하우스에 입주하는 경우가 많은데, 이는 본인이 임시직이거나 계약직이기 때문이다. 그래서 또다시 6개월이라는 기간 동안 근무할 수 있을지 확실히 모르다 보니, 재계약하기를 꺼린다. 이런 직장인에게는 재계약을 할 때 기간을 6개월로 잡는 것이 아니라, 계약 만료 후 아무 때나 나가도 좋으며 한 달 전에만 나가는 날을 알려달라고 하면 매력적인 제안이 된다. 어차피 직장인들은 입주시기가 정해져 있는 것이 아니다 보니 굳이 2월, 8월이 아니더라도 사람을 구하는 데 별 어려움이 없다.

깨알 TIP 3

커피머신과 원두분쇄기만 있어도 카페 분위기가 난다(각 11만 원, 3만 원).

작은 부엌에 2인용 아일랜드 식탁과 바 의자, 와인거치대를 두어 와인 바 느낌을 주었다(바 의자 개당 3만 원. 와인거치대 1만 원).

벽에 런던배경 사진을 걸어 허전함을 지웠다(3만 원). 빨간 스탠드 조명도 모던한 느낌을 준다(5만 원). 거실에서 누구나 프린터를 사용할 수 있다(4만 원).

허전한 거실에 이케아 스타일 2단 선반을 쌓고, 여기에 커피용품을 놓아 카페 느낌을 더했다(선반 각 5만 원. 커피용품 총 6만 원).

2인실 커다란 벽에 벽지 스티커를 붙이면 따뜻한 느낌을 준다(1만 원).

발코니에 두면 테라스 느낌이 난다(사과 소파, 테이블 10만 원).

PART 4.

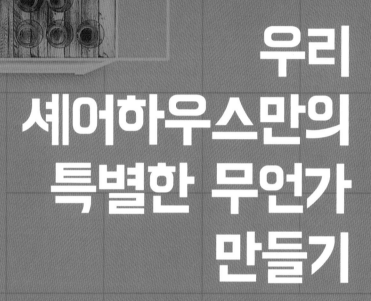

우리
셰어하우스만의
특별한 무언가
만들기

셰어하우스의
독특한 유료 서비스

PART 4.

01

왜 특별해야 할까?

셰어하우스는 엔터테인먼트와 숙소의 결합이다. 즐겁게 다 같이 살아보자는 콘셉트에 걸맞게 혼자 살 때와는 다른 특별한 무언가가 필요하다.

02

방장이 중요한 이유?

방장만 잘 뽑으면 매니저가 할 일이 없다. 즉, 내가 편해진다. 반대로 방장을 잘못 뽑으면 어떻게 될까?

03

입주자와 소통은 어떻게?

여럿이 함께 살다 보면 불만이 생기기 마련이다. 불만을 제기할 때 제때 처리하지 못하거나 답이 느리면 입주자는 그냥 나가버린다. 소통은 카카오톡으로 바로바로 해주자.

04

웰컴 파티는 왜?

누구나 처음 만나면 어색한 법. 이 어색함은 매니저가 풀어줘야 한다. 말을 잘하면 말로 풀어줘도 된다. 하지만 한국인은 다 같이 어울리면서 마음을 여는 법. 어울릴 자리를 마련해주자.

05

Good Bye 작별 파티!

셰어하우스는 6개월 기수제로 운영된다. 작별하는 동지들을 위해 작은 파티를 해주자. 친구야, 소주 할래? 맥주 할래?

06

선물을 주자

사전예약을 한 입주자에게는 어떤 특별한 선물을 주면 좋을까? 깜짝 이벤트로는 어떤 선물이 적당할까?

07

서로를 위한 규칙 만들기

서로 피해를 주지 않으려면 처음부터 규칙을 만드는 것이 현명하다. 규칙이 없는 집은 아수라장이 되기에 십상이다. 그럼 규칙은 매니저가 만드는 것이 좋을까? 입주자가 만드는 것이 좋을까?

08

매니저, 냉장고를 부탁해!

냉장고 하나를 4명이 쓰다 보니 쏟아지는 불만들, 솔로몬이라면 어떻게 해결할까? 그래, 냉장고를 4등분 해보자.

엔터테인먼트와 주거의 결합

셰어하우스의 모태는 게스트하우스다. 여행객들이 잠을 자는 목적 외에도 여행 정보를 주고받고, 인생에 관한 이야기도 나눌 기회를 제공하기 때문이다. 목적지가 같으면 함께 여행을 떠나기도 하고, 집으로 돌아가서도 계속 연락하기도 한다. 방황하는 청춘들이 게스트하우스를 선호하는 이유가 여기에 있다.

셰어하우스도 주거목적만으로 입주하는 것은 아니다. 단순히 먹고 자고 하려면 혼자 사는 것이 더 편하다. 하지만 셰어하우스에 오면 같이 사는 불편함보다 얻는 것이 훨씬 많다. 인생의 나그네들이 모여 인생에 관한 이야기를 나누고 자신을 되돌아보며 소중한 인연을 쌓는다. 〈남자 셋, 여자 셋〉, 〈논스톱〉 같은 시트콤들을 보면 함께 사는 대학생들끼리 가족보다 친한 존재가 되는 모습을 볼 수 있다. 셰어하우스도 이들과 다르지 않다. 함께 살다 보면 가족보다 친해질 수 있다.

물론 처음에 모이면 서먹서먹하다. 그래서 서로 친해질 수 있는 엔터테인먼트 요소를 넣어주는 것이 집주인 또는 매니저가 할 일이다. 게스트하우스에서는 서로 친해질 수 있도록 저녁에 바비큐 파티를 한다. 고기와 술을 마시며 거리감을 풀고 친해지는 계기를 마련해주는 것이다. 셰어하우스도 마찬가지다. 새 기수가 시작하는 3월 1일과 9월 1일에 모여서 저녁 파티를 하면 자연스럽게 친해진다. 이 시기를 놓치면 친해질 기회가 많지 않아 서먹한 6개월이 될 수도 있다.

저녁 파티 메뉴는 삼겹살이 좋다. 긴장감을 푸는 데 가장 좋은 메뉴다. 고기를 굽는 동안 서로 대화를 나누는 것은 물론, 고기의 향과 맛이 사람을 기분 좋게 해 서먹함이 사라진다. 또한, 삼겹살을 시키면 자연스럽게 술이 따라오기 때문에 이만한 메뉴가 없다.

웰컴 파티비용은 5~7만 원 정도 들어간다. 아까운 돈이라고 생각하지 말자. 과감하게 집주인이 한턱내면 앞으로 6개월이 편해진다. 이렇게 맺어진 유대감은 재계약으로 이어지게 된다.

6개월의 계약 기간 중 세 번의 파티가 있다. 하나는 웰컴 파티고, 다른 하나는 영화 파티다. 입주자들에게 영화티켓을 줘서 같이 심야 영화 한 편 보고 오게 하는 것이다. 같이 영화를 본 후 대화를 하면서 집에 가면 낮에 영화를 보는 것보다 더 친해진다. 마지막 파티는 작별 파티다. 모두 재계약을 하기는 어렵고, 보통 한 명 정도는 다른 곳으로 가기 마련이다. 어차피 집주인이 마련해주지 않아도 할 작별 파티겠지만, 이런 자리를 통해 입주자들에게 좋은 추억을 선사할 수 있다.

카카오톡으로 입주자와 소통하기

입주자에게 공지사항을 안내하거나 대화를 주고받을 때는 카카오톡 그룹채팅이 가장 편리하다. 모두 사용해서 전파가 빠르고, 동시에 여러 명과 대화가 가능해 서로의 의견을 빠르게 주고받을 수 있기 때문이다. 방문 계획, 청소 일정, 관리비 알림, 월세일 알림 등을 전하거나 불편사항도 바로 받을 수 있다.

특히 불편사항이 접수되면 최대한 빨리 조치해줘야 입주자가 신뢰감을 느낀다. 불편사항에 관심이 없는 집주인을 좋아할 세입자는 아무도 없다. 더욱이 계약 기간이 짧은 셰어하우스 특성상 재계약을 유도하려면 불편사항은 신속히 처리해줘야 한다.

A/S를 할 때도 카카오톡은 유용하다. 고장 난 부위의 사진을 받아 보면 어떻게 조치해야 하는지 원격으로 안내할 수 있을 뿐만 아니라, 필요한 부품을 구한 뒤 방문하면 한 번에 해결할 수 있다. 아파트 시설 문제는 관리실에 연락하면 바로 해결할 수 있고, 인테리어 자재 문제는 회수 후 수리를 해주거나 방문해서 고쳐준다. 그러나 보통 A/S를 할 일은 없는 듯하다.

좋은 분위기에서 입주자들과 소통하면 재미있는 일도 많이 생긴다. 파티할 때 초대를 받기도 하고, 입주 희망자를 소개받기도 한다. 또한, 경쟁업체에 대한 정보나 좋은 팁도 얻을 수 있다. 팁을 하나씩 얻을 때마다 반영해나가면 누구도 따라올 수 없는 최고의 셰어하우스가 될 수밖에 없다.

방장을 잘 뽑으면 6개월이 편하다

야구에서 왼손잡이의 강속구 투수는 지옥에서도 데려온다는 말이 있다. 셰어하우스에서도 방장의 역할이 중요하다. 여럿이 같이 사는 집이다 보니 역할을 똑같이 분배하기 힘들뿐더러 누군가는 희생해주는 역할을 맡아야 한다. 방장의 리더십이 뛰어나면 불만 없이 모두 친밀하게 지낼 수 있지만, 방장이 역할을 제대로 하지 못하면 불만이 생겨 신뢰가 깨지게 된다. 그래서 리더십이 뛰어난 방장은 돈을 주고서라도 사오는 편이 좋다.

이런 방장을 구하기 위해서 입주 희망자들과 전화 통화, 방문 견학 등을 할 때 되도록 이야기를 많이 해보는 편이다. 대화를 통해서 방장에 적합한 인물인지를 파악하고, 방장으로 뽑히도록 힘을 실어주거나 독려할 수 있다. 덕분에 좋은 방장들을 두어 6개월마다 안정적으로 셰어하우스를 운영할 수 있었다.

심지어 비용 때문에 고민하기에 과감히 인센티브를 주고 우리 셰어하우스로 데려온 방장도 있다. 대신에 역할을 하나 더 부여했는데, 입주 희망자들에게 방을 보여주고 안내하는 역할이었다. 집주인이 방을 보여주는 것보다 방장이 방을 보여주고 입주 희망자들에게 설명해주면 같은 세입자로서 더 많은 공감과 신뢰를 끌어낼 수 있다. 그래서 계약서를 쓸 때만 내가 내려가고, 나머지는 방장이 알아서 다 해서 편리했다.

만약 이런 방장들만 구할 수 있다면 내가 사는 대전, 세종뿐만 아니라 대구, 부산, 광주까지도 셰어하우스를 확장할 수 있을 것이다. 굳이 한 도시를 관리하는 매니저를 고용하지 않아도 되기에 비용절감을 더 많이 할 수 있다. 그럼 셰어하우스의 월세가 내려가고, 경쟁력도 생긴다. 집도 직접 구해 중개수수료도 안 들어 인테리어도 혼자 해 직원도 안 쓰니, 여러 명이 집단으로 운영하고 인테리어도 업체에 맡기며 직원을 쓰는 다른 셰어하우스들보다 가격 면에서 경쟁력이 있을 수밖에 없었다.

우리만의 특별한 부가 서비스

세종점의 직장인들은 주로 공무원이다 보니, 서울에서 자는 날도 많다. 세종시에서 자는 날이 적어 잠자는 용도 외에는 셰어하우스를 거의 쓰지 않는다. 짐도 별로 없다. 세면도구와 화장품, 갈아입을 여벌의 옷이 전부다. 캐리어 하나면 다 들어가는 수준으로 간단하다.

이들에게 이불과 베개는 상당히 크고 거추장스러운 짐이다. 서울에서 이불을 갖고 오기도 부담스럽고, 택배로 보내서 받기도 귀찮아한다. 그렇다고 막상 사자니 이불과 베개 가격도 만만치 않다. 그래서 이불과 베개 대여 서비스를 시작했다. 한 달에 1만 원을 추가하면 이불과 베개를 대여해주었다. 반납 시에는 세탁비를 보증금에서 차감했다. 돈을 버는 직장인들이었기에 이런 옵션을 부담스러워하기보다 오히려 짐이 적게 들어서 좋아했다.

가끔 짐이 다소 많은 세입자도 있었다. 세종점은 차가 없으면 혼자서 짐을 나르기가 정말 어려웠다. 그래서 무료로 픽업 서비스를 해주었다. KTX역이나 버스터미널로 가서 짐을 차에 실어주고 집까지 같이 옮겨주었다.

대학생들은 원룸에서 이사 오는 일도 있었다. 보통 짐이 많은데, 특히 책이 무거워 혼자서 나르기 힘들어했다. 거리가 가까우면 용달을 쓰기도 어렵고, 택시가 그 많은 짐을 나를 수도 없어 이사할 때 난감한 점이 있었다. 그래서 이사 올 때 날짜만 맞으면 차에 실어서 이사를 도와주었다. 수고롭긴 하지만 이런 점 때문에 고마움을 갖게 되고, 다른 곳으로 이사하려고 해도 짐이 걱정돼서 이사를 못 하게 된다. 이는 곧 재계약으로도 이어진다.

그 외에도 청소 서비스가 있다. 웰컴 파티 때 스스로 청소할 것인지, 주기적으로 청소해줄 것인지를 묻는다. 주로 각자 방을 제외한 욕실, 거실, 주방 등 공용공간이다. 비용은 세입자가 부담하고, 관리비에 포함한다. 보통은 입주자들이 청소할 것이라고 한다. 하지만 서로 바쁜데 청소한다는 것이 쉽지 않음을 알기에 한 달 후 점검하고 결정하기로 하면, 결국 청소업체를 부르게 된다. 그러다 보면 편리함을 느껴 무조건 청소업체를 부르자고 한다. 일주일에 한 번 정도만 와도 청결이 어느 정도 유지된다. 직장인들이 사는 집의 경우 청소업체를 부르는 것으로 계약 시 안내하는 편이 차라리 낫다.

입주자를 위한 작은 선물들

입주자는 사전예약을 한 입주자와 예약 없이 바로 입주한 입주자로 나뉜다. 사전예약을 한 입주자는 정말 셰어하우스에 들어오고 싶어서 미리 계약금을 내고 방이 날 때까지 기다린 사람들이다. 짧게는 한 달에서 길게는 6개월까지 기다렸기에 나름대로 감사의 선물을 증정하기로 했다. 욕실 바구니에 욕실용품 몇 가지를 담아서 주는 것이다.

모든 입주자에게는 셰어하우스 이름이 박힌 수건을 주었다. 가장 활용도가 높은 물건으로, 입주자에게 선물을 주었다는 기억을 지워버리지 않도록 했다.

그 외에도 자잘한 것들이 있었다. 전원을 켜면 별자리가 보이는 램프를 준 적도 있고, 카페 테마에 어울리도록 원두를 가져다주기도 했다. 영화데이 때는 방장을 통해서 영화쿠폰을 전달했다. 4명이 인증사진을 보내면 커피값도 보내주었다. 이렇듯 소소한 이벤트를 자주 하다 보면 입주자들은 관리자가 소통하기 위해 노력하는 것으로 받아들일 수 있다.

입주자들이 정하는 생활규칙

생활규칙을 정하지 않으면 서로 떠넘기게 돼서 불쾌한 집이 되어버린다. 쓰레기 천지가 되는 것은 정말 한순간이다. 그러면 다른 사람에게 피해를 주고, 불편사항이 폭주한다. 반대로 생활규칙을 너무 빡빡하게 짜서 주면 입주자들의 자유를 박탈해 셰어하우스의 취지를 잃게 된다. 그래서 택한 방법은 규칙은 반드시 정하되, 첫 모임 때 입주자들끼리 정하도록 했다. 예를 들어 쓰레기를 각자 따로 모을 것인지, 쓰레기 당번을 정하고 서로 돌아가며 할 것인지를 자율에 맡기는 대신에 규칙은 반드시 정하도록 했다.

지점마다 생활규칙은 달랐다. 어디는 물을 돌아가면서 사기도 했고, 어디는 청소구역을 정했다. 어디는 순번을 정해 돌아가면서 청소하기도 했다. 이렇듯 다양한 규칙들 덕분에 우리 셰어하우스는 저마다의 규칙을 잘 지키며 살고 있다.

골치 아픈 냉장고 관리법

처음에는 냉장고를 그냥 설치만 해주었다. 알아서 먹고, 알아서 치우겠거니 생각했다. 그러나 몇 개월 후 집을 가보자 이게 웬걸 음식물 쓰레기 천지였다. 무슨 이유인가 알아봤더니 남이 사놓은 물건은 누구 것인지 몰라서 버리지도 못했다. 음식물을 버리거나 치우지 않고 퇴실

해버리면 다음 사람은 버리지도 못하고 쩔쩔매는 것이다.

결국 각 침대 번호를 냉장고에 붙여놓았다. 예를 들어 첫 칸은 A-1, 둘째 칸은 A-2, 셋째 칸은 B-1, 넷째 칸은 C-1으로 자기 칸에 자기 물건만 두게 했다. 음료수 꽂는 칸과 냉동실에도 칸막이를 설치해주었다. 이렇게 하면 누구 물건인지 명확히 알기에 다 버릴 수 있었다.

이 부분을 응용해서 욕실 수납장, 싱크대 수납장, 신발장 등도 구분을 해두었다. 너무 딱딱하게 느껴질 수도 있지만, 공용공간을 나누어줘야 서로 말 못하는 불편사항들이 해결된다.

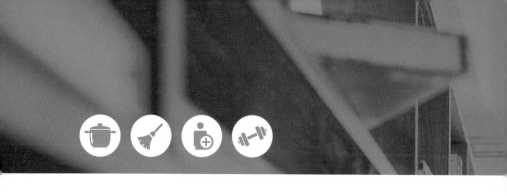

셰어하우스의 독특한 유료 서비스

반찬 서비스

반찬을 따로 사 먹기 귀찮아하거나 집에서 자주 밥을 해 먹지 않는 입주인들을 위해 냉장고에 공용반찬을 일주일마다 채워주는 서비스도 있다. 업체마다 다르나 추가요금을 받는 곳도 있고, 서비스로 해주는 곳도 있다. 일주일에 한 번씩 반찬가게에서 받아 냉장고에 넣어주기만 하면 되기에 그리 어렵지는 않다. 문제는 비용이 올라간다. 대략 1인당 월세 1~2만 원 정도가 올라가므로 고생·비용 대비 효율이 그리 좋은 편이 아니다.

청소 서비스

입주자들이 열심히 청소하면 좋겠지만, 정신없이 바쁘게 지내다 보면 공용공간의 청소 상태는 엉망일 때가 많다. 비용에 포함되더라도 공용공간은 업체에 청소를 맡기는 편이 낫다. 매주 월요일 오후는 클리닝 시간이라고 정하고 업체에 거실, 부엌, 욕실, 발코니만 청소를 맡기는 것도 방법이다. 월 비용은 약 20만 원 정도(1인 4~5만 원 부담) 나온다. 이 외에도 2주에 한 번 하기, 격주로 입주자와 업체가 나눠서 하기, 매니저가 반값에 직접 하기 등이 있다.

깨알 TIP 4

취업 서비스

돈이 부족한 청년들에게 가장 매력적으로 끌리는 서비스다. 취업스터디, 취업면접, 취업특강 등을 무료로 제공하는 셰어하우스도 있다. 우리 쪽은 아르바이트를 알선해주었다. 한창 셰어하우스를 넓혀나가느라 일손이 부족한 시기여서 셰어하우스 입주자들을 대상으로 인테리어 아르바이트를 시켰다(일당은 7만 원). 셰어하우스에 살면서 어떤 점을 어떻게 고쳐야 입주자들이 편리한지를 알기에 인테리어를 하면서 즉각 반영할 수 있었다. 입주자들과 일하면서 더 친해지는 계기도 되었다.

헬스 서비스

여유공간을 어떻게 활용하느냐에 따라서 셰어하우스의 색깔이 입혀진다. 어떤 셰어하우스는 공용공간에 헬스기구를 마련해 헬스 서비스를 제공했는데, 여러모로 좋아 보이지 않았다. 땀 냄새가 곳곳에 배는가 하면, 헬스기구가 자리를 많이 차지하는 탓에 공간 활용도 면에서도 비효율적이었다. 더욱이 요즘은 아파트 단지 내 헬스장이 따로 있어 굳이 집 안에 헬스기구를 마련할 필요는 없다.

PART 5.

이럴 땐 어떻게?
셰어하우스
Q&A

ask

셰어하우스를
창업하는 방법

PART 5.

01

매입이 좋을까?
임대가 좋을까?

지역에 따라 집을 사서 인테리어를 한 후 셰어하우스를 운영해야 하는 곳과 전·월세로 얻어 운영해야 하는 곳이 있다. 어떻게 구분하는지 알아보자.

02

공동 투자를 하려면?

혼자 시도하기 어렵다면 동업하는 방법도 있다. 어떻게 해야 동업으로 인한 리스크를 줄일 수 있을까?

03

업체에 인테리어 맡기기

인테리어를 직접 하기 힘들다면 업체에 의뢰하는 방법도 있다. 통으로 맡기기, 쪼개서 맡기기 등 각각의 장단점을 알아보자.

04

계속 깎아달라는
세입자 상대하기

계속 월세를 깎아달라고 조르는 세입자. 내치자니 공실이 걱정되고, 받자니 수익이 안 난다. 이럴 때 어쩌면 좋을까? 현명한 해결책을 찾아보자.

사용설명서

방장 지원자가 없어요

아무도 방장을 지원하지 않는
다면 어떻게 해야 할까? 방장
은 있으면 좋고, 없어도 괜찮
다. 방장 없이 지점을 운영하는
노하우를 전수한다.

방장을 서로
지원하려고 해요

방장을 서로 지원할 수도 있다.
이럴 때는 지원자들의 의견을
들어보고, 매니저가 직접 정해
주는 편이 좋다.

관리비는 어떻게 나누지?

산 일수로 나눌까? 사람으로
나눌까? 어떤 계산법이 옳을
까? 관리비 계산하는 법을 배
워보자.

도중에 입주자가 나간다면?

계약 기간을 못 채우고 입주자
가 나갈 때가 종종 있다. 이럴
때 어떻게 대처해야 공실 피해
를 줄이고, 입주자와 관리인 모
두 웃으며 헤어질 수 있을까?

Q 매입이 좋을까?
임대가 좋을까?

A 대전점은 대학가 앞에 오래된 아파트밖에 없었던 탓에 올리모델링이 필요했다. 만약 오래된 아파트를 월세나 전세로 빌려서 리모델링을 한다면 어떻게 될까? 새시와 폴딩도어, 욕실, 싱크대, 도배, 장판, 조명만 해도 1,000만 원이 든다. 2년 임대가 끝나고 나면 이 돈은 돌려받을 수 없다. 즉, 1년에 500만 원씩, 월 40만 원씩 손해를 봐야 한다. 이렇게 되면 아무리 장사를 잘해도 손해다. 낡은 아파트는 매입해서 리모델링을 하고 집의 가치를 올리는 편이 훨씬 유리하다.

문제는 대출이다. 개인이 아파트 담보대출을 70%까지 받을 수 있는 것은 2채밖에 안 된다. 3채부터는 임대로 빌려 운영하거나 임대사업자를 내서 아파트를 보유해야 한다. 임대사업자를 내면 4년간 임대를 놓아야 하지만, 양도세 감면이라는 장점이 있다. 예를 들어 내가 사는 집 1채를 빼고, 나머지 집은 모두 임대사업자로 등록한다. 그리고 내가 사는 집을 4년 후에 팔고 임대사업자로 된 집 1채를 개인소유로 전환한 뒤, 다시 2년간 거주하고 판다. 이런 식으로 1채씩 개인소유로 돌려 실거주를 한 뒤 집을 팔면 양도소득세를 한 푼도 내지 않아도 된다. 만약 내가 사둔 집이 앞으로 오를 가능성이 있는 경우 임대사업자로 매입해서 운영하면 임대소득과 매각차익 모두를 얻을 수 있다.

반대로 새 아파트이거나 아파트 가격이 비싼 경우 또는 올리모델링이 되어 있는 오래된 아파트라면 굳이 매입하지 않아도 된다. 매입해서 월세를 놓으면 차후 매각차익이 생기지만, 당장 임대수익률은 떨어진다. 셰어하우스를 해서 월세가 올라가도 매입비용과 인테리어비용이 들기 때문이다.

임대로 집을 얻으면 리모델링에는 투자를 최소화해야 한다. 도배도 상태가 좋다면 그냥 가고, 조명도 설치조명보다 포인트를 줄 수 있는 스탠드조명을 활용한다. 그럼 가전·가구비용만 들어가므로 투자금이 적게 들어 수익률이 올라간다.

임대를 얻어 셰어하우스를 하려면 두 가지 위험성을 인식해야 한다.

첫 번째는 공실 위험이다. 매입한 집은 대출이자가 얼마 되지 않기에 공실이 나도 수익이 플러스다. 하지만 월세를 얻어 월세를 놓으면 절반 정도 차도 적자가 날 수 있다. 전세를 얻어서 전세대출을 받아 운영하면 좋겠으나, 전세대출은 사실상 1인당 1채밖에 되지 않는다.

두 번째는 계약 기간이다. 아무리 리모델링에 투자하지 않았다고 해도 2년 후 재계약을 하지 못하면 이사비용 등이 발생한다. 이사비용이 96만 원이 나왔다면 24개월간 운영했을 시 월 4만 원씩 손해를 본 셈이다. 여기에 도배 등 리모델링비용이 들어갔다면 그 이상으로 손해를 본다. 그러므로 임대계약 시에는 무조건 싼 집을 고를 것이 아니라, 4년 계약은 가능한지 또는 2년 후 재계약이 가능한지 알아보고 사는 것이 좋다.

임대를 얻을 시 집주인이 꺼리거나 월세를 더 올려 받는 경우가 있다. 재임대를 놓을 때 집주인의 허락을 받아야 한다는 조항 때문이다. 만약 허락을 받지 않고 마음대로 재임대를 놓는다면 집주인은 계약 기간 도중에라도 보증금을 돌려주고 내쫓을 수 있다. 석 달 운영하고 집주인에게 걸려서 다시 이사하면 버는 것보다 잃는 것이 더 많다. 차라리 발품을 팔더라도 재임대를 허락해주는 집주인을 찾는 편이 이득이다.

Q 공동 투자 시 운영하는 방법은?

A 공동으로 투자해서 셰어하우스를 운영하면 장점이 있다. 먼저 공실이 날지 모르는 리스크를 줄여준다. 즉, 적자가 난다고 해도 적자를 둘이서 나누니 리스크가 작다. 손실액이 적다 보니 좀 더 자신 있게 공격적으로 지점을 넓혀나갈 수 있다.

또 다른 장점은 비용절감이다. 홈페이지나 브랜드를 통일해서 같이 사용하다 보니 홈페이지 유지비, 광고비가 혼자 할 때보다 적게 든다. 그리고 매니저를 한 명 두어도 월급을 나눠서 주니 부담도 줄어든다. 내 경우 이런 부담을 줄이기 위해서 혼자서 지점을 공격적으로 넓혔는데, 결국 대출부담으로 몇 지점은 공동 투자로 진행했다. 확실히 같은 브랜드와 홈페이지를 활용하다 보니 비용절감이 많이 되었다.

마지막으로 규모의 경제를 활용할 수 있다. 특히 가구를 살 때 여러 개를 동시에 사면 물건값을 많이 깎을 수 있다. 물건을 1개 살 때는 인터넷으로 사는 것이 싸지만, 여러 개를 살 때는 인터넷으로 물건을 본

후 매장으로 직접 전화해서 대량으로 사는 것이 훨씬 저렴하다. 배송비도 절약된다. 가구점에서 가구를 주문하면 남양주에서 세종시까지 트럭 한 대에 10만 원을 받는다. 의자 1개를 사도 배송비가 10만 원이고, 10개를 사도 배송비가 10만 원이다.

가전제품도 싸게 살 수 있다. 냉장고, 세탁기, 에어컨은 인터넷에서 사면 그 지역 설치기사가 제품을 택배로 받아 설치해준다. 이때 설치기사를 잘 포섭해두면 인터넷 가격보다 싸게 제품을 구매하고 설치할 수 있을 뿐 아니라, 원하는 날짜와 시간으로 지정하는 것도 가능하다.

공동으로 투자하면 혹시 돈을 떼일까 봐 불안해하는 이들이 있다. 사람은 믿을 수 없지만, 서류는 믿을 수 있기에 내가 주로 활용하는 방법은 이렇다. A라는 사람의 명의로 아파트를 최대한 대출받아 산다. 취등록세와 중개수수료를 포함한 실제 비용을 2로 나눈 금액은 내가 부담하고, 그 금액만큼 전세권설정을 건다. 전세권설정을 걸면 주소를 그 집으로 하지 않아도 자동으로 전세권이 보호된다. 나중에 투자를 해지할 때 투자금을 돌려받으면서 전세권설정을 해지한다(법적으로 자신이 투자한 돈을 걸어두어야 안전하다). 이렇게 투자하면 1인당 대출 가능한 아파트가 2채, 전세대출이 가능한 아파트가 1채이므로 2명이 하면 6채까지 운영할 수 있고, 3명이 하면 9채까지 운영할 수 있다. 셰어하우스는 지점이 많아야 홍보 효과도 커지고, 입주 희망자들의 신뢰감도 커지니 여러모로 도움이 되는 셈이다.

다만 단점은 셰어하우스를 정리하고 싶어지는 시기가 서로 다르다는 것이다. 갑자기 목돈이 필요하면 공동 투자된 물건도 정리하고 싶은 것이 사람 심리인 탓에 시작 전에 원칙을 정해야 한다. 매각 시 패널티를 물리거나, 다른 투자자가 나머지 지분을 마저 인수하면 집 가격이 올랐어도 투자금만 돌려주는 등의 사전 계약서 작성 및 공증이 필요하다.

Q 업체를 통해
인테리어를 하고 싶다면?

A 나는 셀프 인테리어를 통해 인건비를 절약해서 원가를 낮췄다. 그러나 여성 혼자서 셀프 인테리어를 하기란 쉽지 않다. 남자인 나도 도배나 장판, 조명을 혼자서 할 때 그냥 업체에 맡기고 싶다는 유혹이 강하게 들었다. 인건비가 들어도 인테리어 마감을 깔끔하게 하고 싶은 사람은 업체를 통해서 인테리어를 하는 것도 좋은 방법이다.

1. 토털 인테리어업체에 맡기는 방법

가장 추천하지 않는 방법이다. 가장 편하지만, 비용이 가장 비싸다. 혼자서 할 때보다 2배 이상 비싸다고 보면 된다. 토털 인테리어업체에 원하는 디자인과 자재를 선정하고 작업을 지시해놓으면 손 하나 까딱하지 않고도 인테리어가 완성된다는 장점이 있다. 인테리어를 하면 옆집, 윗

집, 아랫집 등에서 민원이 발생하는데, 업체가 알아서 다 해결해주니 심적 고생도 안 해도 된다. 하지만 확실히 비싸다. 임대소득을 얻으려고 투자하는 사람이 이렇게 몸 편히 돈 낼 것 다 내고 나면 남는 것이 별로 없다.

2. 업체를 쪼개서 맡기는 방법

토털 인테리어업체는 디자인을 선정하면 욕실, 싱크대, 도배, 조명, 새시 업자들을 불러 색상과 자재를 정하고, 작업 일정을 조율해서 지시한다. 그리고 그 비용에 자신의 이익을 붙여 고객에게 받는다. 즉, 토털 인테리어업체도 먼지 하나 안 묻히고 일하는 사람들이다.

만약 디자인을 직접 정하고 업자들을 불러서 지시하면 그만큼의 비용을 줄일 수 있다. 디자인이야 별것 없다. 인터넷으로 색상과 자재들을 조사하고 가격을 비교해본 다음, 가장 낮은 견적을 제시하는 업자를 선정해서 일을 맡기면 된다.

단, 일정을 잘 조율해줘야 한다. 예를 들어 도배랑 새시를 동시에 할 수 없다. 먼저 새시, 욕실, 싱크대를 불러 재단한 뒤 조명을 부른다. 도배는 가장 마지막에 맡긴다. 이렇게 일의 순서에 따라 일정을 조율해주면 서로 동선이 겹치지 않아 집이 상하지 않는다.

3. 인부를 사서 고용하는 방법

욕실업체가 일하는 방법을 알아보자. 욕실 측정 후 변기, 세면대, 수전, 타일 등 자재를 샀으면 인력시장으로 가서 설치공에게 일당을 주고 일을 맡긴다. 그리고 다음 날 타일공에게 일당을 주고 일을 맡기면 욕실 리모델링은 끝난다. 즉, 욕실업체가 전적으로 도맡아 일하지 않으며, 중간에서 이익까지 남긴다.

그럼 내가 자재만 사다가 인력시장에서 사람을 구해 일을 맡긴다면 비용은 얼마 정도 차이가 날까? 업체에 맡기면 200만 원이 들지만, 자재구입비용은 50만 원 안쪽이다. 타일공 17만 원, 설치공 17만 원에 밥값, 초과근무비까지 준다고 해도 100만 원 선이다. 인력시장에 전화 한통 걸 용기만 있다면 비용이 반으로 줄어든다.

Q 무작정 깎아달라는 세입자는 어떻게 응대할까?

A 셰어하우스가 원룸보다 보증금이 적고 계약 기간이 짧다 보니, 돈 없는 청춘들이 관심을 보일 때가 많다. 가난한 주머니 사정 탓에 1만 원이라도 깎기 위해 다들 열심히 노력한다. '방 크기가 저 방보다 살짝 더 작으니까 할인해달라', '멀리서 왔으니까 깎아달라', '관심이 많으니까 할인해달라', '친구에게 소개해줄 테니 깎아달라'는 등 갖은 이유를 대며 조를 때도 있다.

하지만 아무리 공실을 빨리 빼고 싶어도 가격을 낮추면 안 된다. 한 명에게만 비밀로 하고 가격을 낮춘다고 해도 반드시 들통나기 마련이다. 그럼 다른 세입자들이 불만을 품게 되고, 가격을 낮춰달라고 조르거나 재계약을 하지 않겠다고 한다. 결국 공실과 수익률 감소라는 결과를 초래하게 된다.

그렇다면 가격을 최우선으로 하는 입주 희망자들은 어떻게 응대해야 할까? 마음이 흔들려서 할인해주는 것이 아니라 할인받을 방법을 설명해주면 된다. 예를 들어 1년 계약을 맺으면 월 1만 원을 빼준다거나, 방장을 하면 1만 원이 할인된다거나, 1인실보다는 2인실이 저렴하다는 점을 안내한다.

비용에 민감하거나 깎아달라고 조르는 세입자는 받아도 골치 아프다. 관리비나 월세에 대해 사사건건 시비를 걸거나, 퇴실 시 보증금 문제로 잡음이 발생하기도 한다. 비용을 깎아주지 않는 편이 여러모로 나은 선택이다.

Q 방장 지원자가 없다면?

A 방장은 매니저에게 중요한 존재다. 입주자들의 의견을 수렴해주고 청소 배분, 관리비 수합, 공지사항 전달, 매니저와 입주인의 관계 중재 등의 다양한 역할을 맡는다. 이런 방장 지원자가 없다면 지점을 관리하는 데 어려움이 따른다.

그러나 방장을 하고 싶어 하지 않는 입주자에게 굳이 방장을 하라고 독촉할 필요는 없다. 1만 원 할인이라는 달콤한 메리트에도 움직이지 않으면 매니저가 방장 역할까지 하면 된다. 카카오톡으로 입주자들을 그룹채팅에 초대한 후 공지사항을 전달하고, 관리비가 나오는 매월 25일경에 우편함에서 관리비 고지서를 수거해 사진을 찍는다. 이를 그룹채팅 창에 공개하고, 각각 얼마씩 계좌로 입금해달라고 문자를 보낸다.

대전의 경우 대학생들이 주를 이루다 보니 방장 지원자가 많았다. 결국 대화를 통해 서로의 의견을 모아 방장을 뽑았다. 그렇게 큰 메리트가 없다 보니 딱히 방장에 목매는 사람도 없었다. 반면 세종시의 경우 직장인들이 주를 이루다 보니 방장이 없을 때도 있었다. 워낙 바쁘고 서로 만나는 시간이 적은 탓에 방장이 입주자들을 모으고 무언가를 할 수 있는 공동의 시간을 갖기가 힘들었다. 그룹채팅으로 공지사항과 관리비가 고지되다 보니 방장이 없어도 운영에 큰 무리는 없었다.

Q 방장 지원자가 여러 명이면?

A 방장에게 주어지는 할인 혜택 때문에 방장을 서로 하려고 할 수도 있다. 관리인으로서는 다행이지만, 자칫 빨리 결정해주지 않으면 입주자 간의 갈등으로 번질 수도 있다. 입주자 간의 투표로 방장을 결정하면 좋은데, 얼마 되지 않은 인원 안에서도 파벌이 형성될 수 있어 투표하는 방식은 추천하지 않는다. 이럴 경우를 대비해 규정을 만들고, 규정대로 매니저가 정해주는 것이 좋다.

1. 희망자 중 나이가 많은 자

아무래도 나이가 많은 사람이 하는 것이 리더십을 발휘하는 면에서나 희생해야 하는 면에서 나을 수 있다. 개인적으로는 이 방법을 추천하지만, 무조건 옳은 방법이 아닐 수도 있다.

2. 기간을 나눠서 맡기

6개월 단위로 살아가는 셰어하우스이므로 2명의 지원자가 나왔을 경우 석 달씩 나눠서 맡는 방법도 있다. 두세 달 정도를 방장을 맡는 것은 큰 무리가 없으므로 입주자들이 동의만 한다면 이 방법도 무난하다. 단, 한 달씩 돌아가는 것은 서로 헷갈리고 역할이 불분명해질 수 있으므로 너무 자주 방장이 바뀌는 것은 삼간다.

Q 관리비는 어떻게 계산할까?

A 예를 들어 관리비가 12만 원이 나왔고, 4명 모두 한 달 동안 살고 있었다면 관리비를 계산하기가 쉽다. 1인당 3만 원씩 내면 된다. 하지만 세상은 이렇게 간단하지 않다. 공실이 나서 4명이 사는 집에 2명만 살게 되었다면 1인당 관리비는 얼마를 내야 할까? 원칙상 사는 사람 수 만큼 n분의 1을 하는 것이 맞다. 인원이 적을수록 그만큼 쾌적하게 살았기 때문이다. 그런데 세입자가 계속 안 들어와서 관리비를 6만 원씩 내는 사람의 기분은 어떨까? 다음에는 관리비 부담이 적은 원룸으로 이사해야겠다는 생각이 들지 않을까?

반대로 공실이 나든 안 나든 관리비는 무조건 4분의 1만 내라고 하면 운영자는 관리비 리스크를 떠안게 되고, 이는 곧 수익률 하락으로 이어진다. 게다가 입주자들이 공실이 난 방을 보여주는 것에 별로 신경을 쓰지 않게 된다. 입주자가 다 차야 자신의 관리비가 줄어드는 전자의 경우에는 입주자가 빨리 들어와야 하기에 협조적이다. 그러나 후자의 경우에는 공실이 차든 안 차든 자신과는 상관없는 일이다. 협조적일 수도 있겠지만, 이를 유도할 방법이 없다.

우리 셰어하우스는 전자의 방식을 취했다. 우선 시작할 때 만실이 아닌 적이 없을 정도로 공실이 나지 않았기에 이런 고민을 한 적은 많지 않다. 입주자가 공실로 인한 관리비 부담이 그리 크지 않았다. 월 3~4만 원 사이를 유지했기에 그리 큰 문제는 없었다.

다만 세종시 1호점의 경우 공실이 길게 난 적이 있었다. 이때는 입주자에게 관리비를 많이 할인해주었다. 그 후로 관리비는 전적으로 세입자들끼리 n분의 1로 나누어 냈다. 사전에 설명해주어도 그 상황이 되면 적은 금액이라도 더 내기 싫어서 따지는 세입자도 있었다. 하지만 계약서에 명시했고, 미리 알렸기 때문에 해주지 않았다.

이번에는 좀 더 어려운 계산을 해보자. A는 30일을 살았고, B는 15일을 살았고, C는 7일을 살았다. 이때 관리비가 11만 원이 나왔다면 A와 B와 C는 각각 얼마를 내야 할까?

계산방식은 두 가지로 나뉜다. 1인당 산 날을 기준으로 계산할 것이냐, 하루 단위로 금액을 나눈 후 같이 산 날만큼으로 n분의 1을 할 것이냐다. 전자로 계산하면 각자 산 날에 모두가 산 날의 합으로 나눈 뒤 금액을 곱하면 된다.

A $30 \div (30 + 15 + 7) \times 110,000$원 $= 63,461$원

B $15 \div (30 + 15 + 7) \times 110,000$원 $= 31,730$원

C $7 \div (30 + 15 + 7) \times 110,000$원 $= 14,807$원

후자로 계산하려면 11만 원을 우선 30일로 나눈다. 그럼 3,667원이 나온다. 여기에 혼자 산 날은 혼자 3,667원을 내고, 둘이 산 날은 반으로 나누고, 셋이 산 날은 3으로 나눈 뒤 각자의 합을 더한다.

A $3,667 \times (15 + 8 \div 2 + 7 \div 3) = 78,222$원

B $3,667 \times (8 \div 2 + 7 \div 3) = 23,222$원

C $3,667 \times 7 \div 3 = 8,556$원

   계산방식에 따라 완전히 다른 값이 나온다. 이것 때문에 세입자와 의견 충돌이 있었는데, 후자가 맞는 말처럼 들려도 전자가 맞다. 후자는 사람 수가 늘어도 가스비, 난방비, 전기료가 증가하지 않는다는 전제조건이 붙는다. 만약 공용관리비만 나온다면 후자의 계산이 맞다. 하지만 실제로 사람이 증가하면서 사용하는 양에 따라 관리비도 증가하기 때문에 전자가 더 일리 있다. 같은 면적의 아파트여도 혼자 사는 사람과 4명이 사는 집의 관리비가 다르게 나오지 않는가. 그래서 우리는 계약서에 전자의 관리비 계산방식을 명시했다.

Q

입주자가 도중에 나갈 때 퇴실처리는?

A 입주자가 도중에 나가는 것은 운영자로서 꽤 타격이 크다. 대학가의 경우 성수기를 지나 비수기에 접어든 시점에는 공실이 꽤 오랫동안 날 가능성이 크기 때문이다. 계약 기간을 이어받을 사람이 올 때까지 방을 안 빼주고 버티는 것 또한 쉽지 않다. 그래서 남은 계약 기간을 이어받을 사람을 구해오면 보증금 전액을 돌려주고, 그렇지 못할 시 보증금에서 한 달 치 월세 분을 공제하고 돌려주었다. 보통 새로운 사람을 구하는 데 길면 한 달 정도 걸린다.

계약서에 명시되어 다행히 퇴실하는 사람의 반발은 이제껏 없었다. 실제 임대사업을 하는 사람 중에서 이어받을 사람을 못 구하면 보증금을 절대 돌려주지 않는 사람도 있으므로 우리 셰어하우스의 계약조건은 상당히 입주자 친화적이다.

보증금을 돌려줄 때는 관리비도 일수로 계산해서 공제해야 한다. 관리비는 이번 달 것이 다음 달 25일쯤 고지되므로 직전 달 관리비를 기준으로 일수를 적용해서 공제한다. 또한, 시설물에 대해서 점검이 필요하다. 공용물건은 누가 망가뜨렸는지 알 수 없는 탓에 중도퇴실의 경우 개인 호실에 관해서만 확인한다. 어차피 고가의 물건이 없다 보니 시설 쪽보다 청소 상태나 버리고 가는 짐은 없는지 사진을 찍어 보내달라고 한다. 확인 후 이상이 없으면 퇴실한 날 안으로 잔여 보증금을 입금해준다.

셰어하우스를 창업하는 방법

가맹점 들기

유명 셰어하우스에 주택을 제공하고 수익을 배분하면 관리에 대해 신경 쓸 필요 없이 단순히 집을 제공하는 것만으로 수익을 올릴 수 있다. 그러나 가맹점이 수익 대부분을 가져가므로 아파트라면 일반 월세를 놓는 것과 수익에서 별 차이가 없다. 노후화된 단독주택이나 입지가 좋다면 한번 시도해볼 만하다.

꿀알 TIP 5

컨설팅받아 직접 하기

2채 이상의 셰어하우스를 운영하고 싶다면 가맹점을 들기보다 직접 운영해야 수익을 온전히 가져갈 수 있다. 다만 입지분석, 인테리어, 홍보, 홈페이지 구성, 운영 등 노하우가 부족하므로 컨설팅비용을 내고 정착할 때까지 도움을 받는다. 블로그나 네이버 카페에서 제공하는 정보도 많으니, 필요한 내용을 마음껏 활용하는 것도 좋다.

동업하기

동업은 그리 추천하지 않는다. 하지만 공실이 얼마나 날지 모르기에 투자 리스크를 줄이는 면에서는 지분을 모아 투자하는 것이 유리하다. 방공제(방빼기)를 하지 않는 보증보험이 1인당 2건만 가능하므로 여러 명이 브랜드를 합치면 여러 채의 아파트 대출을 받을 수 있다. 한 명의 이름으로 집을 사고 다른 한 명이 전세권설정을 해서 서로의 돈을 보장받는 방법이 있고, 각자 자신의 이름으로 집을 사고 홈페이지나 브랜드만 공유하는 방법도 있다. 단, 수익 배분이나 역할 배분을 명확히 하지 않으면 갈등이 날 소지도 많으므로 주의하자.

에필로그
남에게 도움을 주는 사업을 하자

　좋은 집을 나누고, 좋은 먹거리를 나누고, 좋은 생각을 나누는 일은 언제나 옳다. 내가 이 일을 하고 있다면 행복한 사람이고, 주위의 누군가가 이런 일을 하고 있다면 도와줘야 한다. 이런 사람 한 명, 한 명이 모이면 세상이 긍정적으로 바뀌게 된다.

　나는 누군가의 돈을 빼앗거나 상처를 주면서 돈을 버는 것보다 누군가에게 도움을 주는 일을 하는 것이 좋다. 평생 일을 하면서 누군가에게 원한을 산다면 좋지 않은 결과를 낳을 수밖에 없다. 반대로 누군가에게 도움을 주는 일을 한다면 보람도 느끼고, 언젠가 복을 받는 날이 온다.

　셰어하우스는 비용은 물론 외로움을 줄여주기에 누군가에게 도움을 주는 일이다. 비싼 학비로, 비싼 주거비용으로 힘들어하는 청춘들에게 양질의 넓은 집을 저렴한 가격으로 공급하는 셰어하우스야말로 주거문화 개선을 위해 꼭 필요한 사업이다. 그래서 서울시나 자치단체에서도 셰어하우스를 지원해주고 있다.

나 또한 잘 만들어진 셰어하우스를 한 채라도 더 많이 퍼뜨리기 위해 이 책을 썼다. 너무 디테일한 노하우까지 담은 것이 아니냐는 주위의 우려에 셰어하우스가 늘어나는 것이 나에게는 더 기쁜 일이라고 답했다.

더 많은 임대수익을 창출할 수 있었는데도 가격을 결정할 때 원룸 월세보다 항상 더 낮은 가격으로 책정했다. 그 결과 주변의 셰어하우스들도 같이 가격을 내리느라 이익을 포기해야 했다. 하지만 대학생들의 주거문화를 함께 개선할 수 있었고, 셰어하우스라는 개념을 널리 알리게 되었다. 내가 셰어하우스를 마련한 지역에는 여러 형태의 셰어하우스들이 생겨나고 있다.

셰어하우스는 특별한 기술이나 전문적인 식견이 없어도 교통이 좋은 곳에 집 한 채만 마련하면 누구나 시작할 수 있다. 집이 없다면 월세로라도 빌려서 월세를 놓으면 된다. 즉, 아는 바를 실천하지 않는 것은 돈이 없어서가 아니라 용기가 없어서일 것이다.

세입자가 안 들어오면 내가 살겠다는 마음으로 용기 내 한번 도전해본다면 임대수익뿐 아니라, 그 이상의 무언가를 얻어갈 수 있으리라 확신한다. 실천하지 않으면 아무것도 얻을 수 없다. 지금 바로 실천으로 옮기자.

부록 1.

세어하우스
추천 지역
분석하기

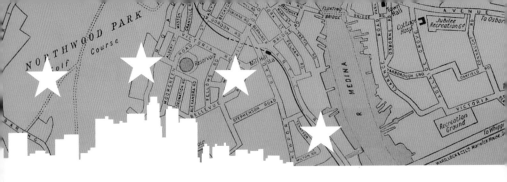

신촌

홍익대, 연세대, 이화여대, 서강대를 끼고 있는 신촌 부근은 서울 서부권의 요충지다. 솔직히 이곳에 셰어하우스를 차리면 운영능력에 크게 문제가 있지 않은 한 공실 걱정은 없을 것이다. 위치는 지하철역 근처가 가장 좋겠지만, 거리가 멀지 않으면서도 비교적 집값이 저렴한 연희동이나 연남동도 노려볼 만하다.

집은 매입하는 것은 추천하지 않는다. 대신 얼마나 집을 싸게 임대할 수 있는지가 수익률을 결정할 것으로 보인다. 임대해서 다시 재임대를 놓는 것이기에 리모델링이 어느 정도 되어 있는 단독주택이나 아파트, 다세대주택이 적당하다. 전세를 구하려면 아무리 저렴해도 3억 5,000만 원 이상은 줘야 하고, 월세는 100만 원 정도 줘야 할 것이다.

1인실과 2인실 월세는 얼마를 받아야 좋을까? 지하철역과 대학교와의 거리가 얼마나 가까운가에 따라 최대 20만 원까지 차이가 난다. 하지만 그렇다고 해도 셰어하우스라는 특성상 1인실이 55만 원을 넘어가기는 어렵다. 2인실은 40만 원 정도가 알맞다. 방이 3개인 곳은 2인실 1

개에 1인실 2개를 놓으면 총 월세가 190만 원이 나온다. 방이 4개면 245만 원이 나온다.

　만약 리모델링이 어느 정도 되어 있는 집을 월 100만 원에 빌려서 가전·가구비용 포함 총 500만 원을 투자해 셰어하우스를 운영한다면 만실 시 순이익이 월 130만 원 이상 나온다. 보증금과 가전·가구비용이 총 1억 원 정도 들어갔을 경우 임대수익률은 연 15% 정도다. 보증금을 낮추고 월세가 비싼 집을 구한다면 수익률은 올라갈 수 있으나, 실제 임대수익은 낮아져서 공실 시 타격이 크다. 3억 원으로 이렇게 3채만 운영하면 연간 4,500만 원의 수익이 발생한다. 셰어하우스 3채만 서울에서 운영해도 직장인 연봉과 맞먹는 셈이다.

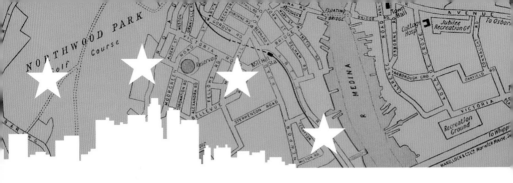

강남

누가 뭐라고 해도 강남은 국내 최대의 번화가로, 오피스가 밀집된 곳이다. 신촌이 대학생과 프리랜서들이 많다면 강남은 대부분 직장인으로 구성되어 있다. 각종 편의시설이 갖춰져 모두 살고 싶어 하고, 그만큼 살인적인 월세로도 유명하다. 역세권 오피스텔은 월세가 120만 원이나 하고, 구석진 곳도 월세 80만 원 정도는 줘야 입성할 수 있다.

하지만 이런 곳일수록 셰어하우스를 차리고 운영하기에는 더 쉽다. 월세가 워낙 비싸서 셰어하우스만큼 경쟁력을 갖춘 곳도 없기 때문이다. 가장 힘든 점은 신촌과 마찬가지로 얼마나 싸게 집을 빌리느냐는 것이다. 서울에서 집을 사서는 절대 이익이 날 수 없다. 주택 가격 상승을 노리고 은행이자나 벌 겸 버티는 상황이 아니라면 무조건 월세로 구해서 월세를 받아야 수익률이 난다.

강남은 연희동이나 연남동처럼 단독주택을 찾아보기 어렵다. 다세대주택이나 아파트를 구해야 하는데, 주요 타깃층이 직장인이므로 지하철역 또는 오피스 밀집지역과 가까울수록 좋다. 가격이 너무 비싸도 안 되

고, 교통이 너무 안 좋아도 안 된다. 그 사이에서 가성비가 뛰어난 곳으로 골라야 한다.

강남역과 가까운 서초 삼풍아파트는 보증금 5,000만 원에 월세 150만 원 정도로 저렴하게 빌릴 수 있다. 지은 지 오래되어 보이지만, 리모델링이 된 아파트는 새집만큼 깨끗하다. 높은 임대료를 받을 수 있고 공실 위험이 없으므로 한번 도전해볼 만하다.

방이 3개이므로 1인실은 65만 원, 2인실은 50만 원을 받으면 총 230만 원의 수익을 낼 수 있다. 그럼 월 80만 원 정도가 남는데, 실투자금 5,100만 원에 연 순이익이 960만 원으로 임대수익률은 18.8%가 나온다. 3억 원 정도 있으면 셰어하우스를 6개 정도 운영할 수 있고, 이때 순이익은 월 480만 원이다. 이 정도면 충분히 사업성이 있다.

신촌

출처 : 네이버 지도

서대
한성화교
고등학교
봉원사
금화터널
서울
외국인학교
48
성암관
새천년관
아산공학관
천문대
연세대학교
신촌캠퍼스
종합과학관
학관
충현동
주민센터
치과대학병원
법학관
추계예술
대학교
이화여자
대학교
음악관
경의중앙선
신촌역
M밀리오레
대현럭키
아파트
한성고등학교
신촌번화가
대신초등학교
이대역
CGV
신촌역
대흥동
주민센터
노고산동
체육공원
한서초등학교
마포래미안
푸르지오
서강대역
서강대학교
마포경찰서
숭문고등학교
마포아트센터
일성여자
중고등학교
아현재정비촉진지구
서울서부
지방법원
용강초등학교
대흥역
삼성래미안
공덕3차아파트

강남

신동초등학교
신사역
신동중학교
학동공원
프라임아파트
잠원한신
아파트
잠원동
주민센터
논현신동아
파밀리에
한신
9차아파트
잠원역
논현동
가구거리
현대리바트
서울시무소
논현역
논현1동
주민센터
한신8차
아파트
잠원
논현동
먹자골목
태평아트
아파트
반포역
논현초등학교
반포훼밀리
아파트
원촌중학교
반포팰리스
아파트
신논현역
노보텔
앰배서더강남
반포1동
주민센터
사평역
반포
교보강남타워
삼호가든맨션앞
사거리
서원초등학교
반포고등학교
서초4동
주민센터
CGV
국기원
원명초등학교
국립어린이
청소년도서관
삼호가든
3차아파트
서초초등학교
강남역사거리
잠원119
안전센터
삼풍아파트
강남역
서초래미안
아파트
서초롯데캐슬
프레지던트아파트
삼성전자
서초사옥
서울고등법원
교대역
삼성화재
서초사옥
서운중학교
래미안서초에스티지S
(2018년1월예정)
롯데캐슬84
아파트
디오빌프라임
서이초등학교
서초우성
1차아파트
JC리디앙
아파트
서울교육
대학교
서초1동
주민센터
상보르아파트
서초무지개
아파트
교대
사거리
서초극동스타클래스
서초문화예술
정보학교

출처 : 네이버 지도

강남구청
강남구보건소
중앙하이츠빌리지
아파트
경기고등학교
봉은사
강남
교육지원청
삼성동힐스테이트
2차아파트
학동초등학교
선정릉역
아크로힐스
논현아파트
선릉
서울선릉과정릉
정릉
삼성오네뜨
아파트
케이팝호텔
포스코센터
더휴웨딩홀
선릉역
충현교회
KT
강남지사
GS타워
역삼역
역삼
대우디오빌
진선여자
고등학교
누네안과병원
미소시티
주상복합빌딩
도곡초등학교
대치4동
주민센터
역삼푸르지오
아파트
역삼래미안
아파트
명인갤러리
2차아파트
베스티안병원
한티역
삼환아루누보1
역삼2동
주민센터
역삼중학교
단국사대부속
고등학교
강남세브란스
사거리
리츠빌아파트
도곡렉슬
아파트
대치1동
주민센터
강남
세브란스병원
중앙사대부속
고등학교
도곡삼익
아파트
도곡공원
도곡역
숙명여자
고등학교
도곡1동
주민센터
삼성아파트
매봉터널
사거리
삼성타워
팰리스1차
양재천

판교

테크노밸리, 백현동, 삼평동

판교는 경기도에서 셰어하우스를 운영하기에 가장 경쟁력이 있는 도시다. 신분당선을 이용하면 네 정거장 만에 강남역으로 갈 수 있을뿐더러 판교테크노밸리에 네이버, 카카오, 넥슨, 엔씨소프트 등 IT기업이 즐비하다. 판교역 인근에는 원룸은 거의 없고, 오피스텔만 조금 있을 뿐이다.

판교는 서판교와 동판교로 갈린다. 판교역과 테크노밸리가 있는 곳은 동판교로, 서판교에서 동판교로 가는 시간이나 강남역에서 판교역으로 오는 시간은 비슷하다. 즉, 서판교에서 셰어하우스를 운영하는 것은 큰 승산이 없다. 서판교는 강남으로 가는 교통이 불편하고, 원룸이 많기 때문이다. 비싼 임대료를 물더라도 판교역 인근이나 오피스 밀집지역으로 가야 한다. 판교역 인근 오피스텔은 보증금 500만 원/월세 75만 원으로, 오피스텔이라는 점을 감안하면 원룸 월세 80만 원 선이다. 이 정도면 준강남 월세로 볼 수 있다.

서울에서도 그렇듯 판교도 수요는 풍부한 지역이기에 공실 위험은 없다. 그러나 우리나라에서 집값이 비싸기로 유명한 곳이다. 얼마나 집을

싸게 구하는가에 수익률이 달려 있다. 봇들마을4단지 25평형은 보증금 3,000만 원/월세 150만 원으로 구할 수 있다. 방이 3개로, 최대 4명이 살 수 있다. 1인실 가격은 60만 원, 2인실 가격은 45만 원이 최대치로 보인다. 최대 210만 원이 가능하고, 순이익은 월 60만 원이 발생한다. 실투자금은 3,100만 원가량에 연 순이익은 720만 원으로 임대수익률은 연 23%다. 강남보다는 수요가 덜 하지만, 수익률은 5% 더 높다.

판교역을 도보로 이용 가능한 북측의 삼평동은 아파트 단지가 많아 셰어하우스로 적당한 아파트를 고를 수도 있다. 다만 전·월세가 비싼 편이라 급매로 나오는 물건을 잘 잡는 것이 수익률에 큰 영향을 미친다.

판교역 아래의 백현동 또한 위치가 좋다. 카페거리가 있고, 백화점이 가까워 젊은이들이 선호하는 곳이다.

분당
정자역, 서현역

경기도에 투자할 때는 낡은 원룸의 존재 여부, 강남과의 접근성, 자체 일자리에 최우선을 두어야 한다. 판교 같은 곳이 가장 대표적이다. 일자리도 많고, 강남과도 가깝다. 월세도 비싸다. 월세가 비싸니 셰어하우스라는 대안이 나오는 것이다. 즉, 월세가 비싼 곳이 셰어하우스가 성공할 수 있는 좋은 환경이다.

분당도 오피스가 밀집된 곳으로 강남으로 출근하는 사람이 많이 산다. 즉, 수요가 준강남이라고 보면 된다. 정자역 근처 원룸의 월세는 역과 거리가 있으면 50만 원 정도다. 역 근처 오피스텔은 월세 70만 원 선이다. 그렇다면 셰어하우스 1인실은 45~55만 원, 2인실은 35~40만 원 정도가 적당하다. 서현역 또한 분당의 오래된 번화가로 위치가 괜찮다.

위치는 지하철역과 가까운 곳이 승산이 있다. 비용을 줄이려고 거리가 먼 곳에 셰어하우스를 차리면 공실이 날 가능성이 크다. 지하철역을 도보로 다닐 수 있는 곳이면 금상첨화다. 다만 아파트 월세가 강남과 비교해 전혀 낮지 않고, 연식이 오래되어 자잘한 하자 보수가 많이 필요할

수도 있다.

　정자역에서 도보로 5분 정도 걸리는 38평형 아파트는 보증금 1억 원/월세 150만 원이다. 방이 4개로 1인실 50만 원, 55만 원, 55만 원에 2인실 40만 원을 받으면 총 수익은 240만 원이다. 여기에 월세를 제하면 월 80만 원의 순이익이 가능하다. 임대수익률은 약 10%밖에 되지 않지만, 정자역과 거리가 가까우면서 보증금이 5,000만 원 이하인 아파트를 구한다면 수익률이 연 15%에 다다를 수도 있다.

　서현역에서 가장 가까운 방 3개 아파트는 보증금 4,000만 원/월세 120만 원 정도로 시세가 형성되어 있다. 1인실 2개, 2인실 1개를 운영한다면 월 180만 원 정도의 수입이 예상되고, 순이익은 60만 원 정도 기대된다.

단천운중앙 사거리

돌마초등학교

아파트 사거리

탑마을

상평동 주민센터

탑마을

대우 2단지아파트

하탑초등학교

경남아너스빌 7단지아파

성남시 평생학습

아름마을

삼환 11단지아파트

태원고등학교 성남아트센터

중앙도서

붓들마을

아름마을

이매촌

휴먼시아 6단지아파트

이매2동 주민센터

이매1동 주민센터

이매1동 제2경로당

이맥스빌

휴먼시아어울림 붓들마을9단지아파트

매송중학교

이매초등학교

아파트

선경 6단지아파트

이매역 경강선

경강선

아름마을

휴먼시아 2단지아파트

이매고등학교

안말초등학교

돌마고등학교

학교

백현마을

매송 사거리

청구 6단지아파트

송림고등학교

이매동 포스파크

금강1단지 아파트

이매촌

분당제생병원

돌마 공원

서현교 사거리

분당우체국

분당소방서

이매 사거리

서현역

서현모

분당
분당소방서
휴먼시아e편한세상
9단지아파트
수내
사거리
분당구청
탄천
분당세무서
분당천
수내역
한국잡월드
분당선
양지마을
초림초등학교
분당고등학교
청구
2단지아파트
경부고속
분당수서고속도로
삼성로얄
팰리스
분당파크뷰
아파트
한양5단지
아파트
금호
3단지아파트
양지마을
내정초등
수내2동
주민센터
늘푸른
고등학교
경남빌라
롯데아파트
분당-수서간도시고속화도로
정자동
카페골목
백현중학교
늘골공원
내정중학교
탄천
삼익아파트
한솔마을
젤존타워1
정자동우체국
공무원
3단지아파트
주공
4단지아파트
느티마을
한솔고등학교
한양
3단지아파트
SKC&C
UTower
정자역
정자중학교
정자2동
주민센터
한솔마을
성남분당
경찰서
주공
5단지아파트
우성아파트
신분당선
청구
정자1동
주민센터
상록마을
정든마을
탄천초등학교
불정초등학교
더샵스타파크
아파트
정자동
주민센터
정든마을
한진
7단지아파트
불정교
사거리
NAVER
NAVER
그린팩토리
KT분당
본사타워
주택전시관
이마트

서현모닝빌
서현저수지
썬플라워농원
서현초등학교
서현중학교
천은정사
우성아파트
분당초등학교
현대아파트
효자촌
양영중학교
임광아파트
서당
삼거리
분당천
효자촌
사거리
효자촌
라이프아파트
삼환아파트
양영디지털
고등학교
샛별마을
샛별마을
장안초등학교
효자촌
건영아파트
장안중학교
대우아파트
분당동
주민센터
진로빌라
대진고등학교
태현공원
분당샛별
중학교
동국대학교
분당한방병원
수내고등학교
분당새롬
감리교회
100m
150m
200m
100m
150m
200m
250m
250m
137m
동이약수터출발점
뒷골
출처 : 네이버 지도

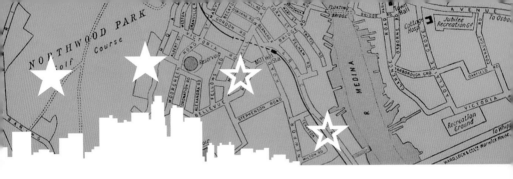

천안 두정동

　특별시와 광역시를 제외하고 추천할 수 있는 지역은 거의 없다. 강남, 준강남과 비교하면 수요가 현저히 떨어지기 때문이다. 하지만 천안에는 삼성SDI와 그 하청업체들이 즐비하고, 지방 도시 중 가장 많은 대학교를 보유한 도시이기도 하다. 인구 대비 연령대도 낮아 셰어하우스를 시도해 볼 만하다. 다만 대학생과 직장인이 많기에 원룸이 공급과잉 수준으로 지어진 점이 치명적이다. 신축 원룸의 가격과는 상대해볼 수 있겠으나, 구식 원룸의 가격보다 셰어하우스의 가격이 더 비싸게 책정될 수밖에 없다.

　천안의 역세권 중 한 곳인 두정동의 원룸은 월세 30만 원 선이므로 셰어하우스 1인실은 30만 원을 넘어서지 않아야 한다. 두정동에서 방 3개인 아파트는 보증금 1,000만 원/월세 50만 원까지 구할 수 있다. 1인실을 27만 원 받고, 2인실을 20만 원 받으면 총 월세는 94만 원, 순이익은 44만 원이다. 실투자금은 1,100만 원에 연간 순이익이 528만 원으로 임대수익률은 연 48%가 나온다. 2년만 온전히 운영하면 투자금을 전액 회수할 수 있다.

　지방은 항상 공실 위험이 따르지만, 만실 시 기대수익률은 상상을 초월한다. 1억 원을 투자면 천안에 셰어하우스를 9개 정도 운영할 수 있고, 월 400만 원 정도의 임대수익을 기대할 수 있다.

　그 외에도 버스터미널과 최대 번화가가 있는 신부동도 눈여겨볼 만하다. 유동인구가 가장 많은 곳으로 젊은이들에게 인기가 높은 데다, 천안의 독특한 지리적 위치 때문이다. 많은 대학생이 대학 근처에서 자취하지 않고 수도권으로 통근하다 보니, 터미널이 인접한 신부동은 그만큼 매력이 있다.

도담동, 아름동, 보람동, 소담동

　세종시는 새롭게 생긴 도시로, 다른 도시와 다른 점이 많다.

　첫째, 국가 행정수도로 도시가 빠르게 형성되고 있다. 6개월 단위로 동마다 번화가가 생겨날 정도로 사람이 차고, 상가가 들어오는 속도가 전국에서 가장 빠르다.

　둘째, 주도이다 보니 호재들이 널려 있다. 대규모 일자리를 동원하는 정부청사, 국책연구단지, KDI 등 그 이상의 수요를 넘길 만한 호재들이 늘어날 전망이다.

　셋째, 세종시 도시계획지역 안에서는 원룸이 건축될 수 없다. 보통 신도시는 단독주택부지에 합법이든 불법이든 원룸을 짓기 마련인데, 세종시는 단독주택부지에도 원룸을 지을 수 없다. 오로지 오피스텔과 도시형생활주택만 가능하다. 번화가로 자기 잡기 전에는 월세가 싸지만, 번화가로 자리 잡은 곳은 작은 방도 월세가 40만 원 선이다.

　넷째, 계약직이나 인턴직으로 일하는 근로자가 많다. 정부청사에는 의외로 계약직 공무원도 많으며, 국책연구단지에서는 주기적으로 3개월 인

턴을 대규모로 채용한다. 이들은 임시직인 탓에 1년짜리 방을 구하기가 어렵다. 3개월 단위 또는 6개월 단위로 임대하는 셰어하우스가 유일한 주거 수단이다.

이런 조건 때문에 세종시에 셰어하우스가 들어오기 전부터 공무원들끼리 아파트를 빌려 월세를 같이 내는 룸세어를 많이 했다. 하지만 홍보가 부족하고, 개인이 하다 보니 취약점이 많았다. 정부청사로 가는 주 교통 수단인 BRT정거장 부근의 아파트를 월세로 구해 셰어하우스를 놓자 임대가 불티나게 나갔고, 항상 만실을 채웠다.

추천 지역으로는 BRT도로가 가깝고, 정부청사를 도보로 출퇴근할 수 있는 도담동이 1순위다. 그다음으로는 공공기관이 곳곳에 있으면서 유일한 경쟁자인 오피스텔도 없는 아름동, 종촌동이 2순위다. 시청과 법원, 우체국, 경찰서, 국책연구단지, KDI가 있는 보람동과 소담동은 오피스텔이 소진되는 시점에서는 투자해볼 만한 지역이다.

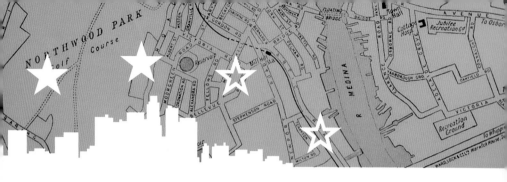

충남대

대전은 국내 대기업들의 연구단지가 밀집된 곳으로 주요 원룸 거주자는 대학생, 공무원, 연구원, 산하기업 직원들이다. 광역시답게 유성구와 서구는 인구밀도가 높다. 하지만 대부분의 광역시가 그렇듯 대전도 서쪽과 동쪽의 지역 불균형이 심하며, 원룸 월세도 상당한 차이가 있다. 만약 임대사업을 한다면 유성구와 서구 일부에 해야지 동쪽에 하면 위험하다.

서구 일부 지역은 원룸 월세가 15만 원인 곳이 있을 정도로 오래된 다가구주택이 많다. 따라서 상업중심지인 둔산동과 대학교인 충남대 인근이라 할지라도 가격 경쟁에서 셰어하우스가 우위를 점할 수는 없기에 홍보와 디자인, 엔터테인먼트 요소를 활용해야 한다.

다행히 상태가 좋은 원룸은 30만 원 정도 해서 1인실은 30만 원 이하로 하면 승산이 있다. 2인실은 22만 원까지도 무리 없이 받을 수 있다. 방 3개의 아파트는 임대로 1,000만 원에 55만 원 정도까지 하고, 매입은 1억 3,000만 원이면 가능하다. 리모델링에 신경을 쓰려면 매입하는 것이 낫고, 리모델링이 된 집이라면 굳이 매입할 필요 없이 월세로 빌리는 것도

나쁘지 않다. 아파트는 충남대와 카이스트 사이인 궁동에 있는 다솔아파트와 자연아파트를 추천한다. 카이스트에 더 가까운 한빛아파트는 충남대와 거리가 멀어 공실 위험이 크다.

리모델링을 최대로 하면 총매출은 월 100만 원 선이고, 수리된 집을 살짝 꾸민다면 총매출은 95만 원 선이다. 그럼 순이익은 월 40만 원이다. 투자금은 월세로 빌렸을 경우 1,200만 원에 월 순이익 40만 원으로 임대수익률은 연 40%다. 다만 원룸이 공급과잉인 상태로 가격 경쟁이 있다 보니 공실 가능성이 있어 이보다는 약간 낮게 잡는 편이 좋다.

리스크가 있다면 충남대 서쪽에 죽동지구가 새로 개발되면서 신축 아파트와 신축 다가구주택이 대규모로 생겼다는 것이다. 월세가 비싸 직장인 위주로 입주해서 당장 큰 경쟁자가 되지는 않겠지만, 공급이 늘어났다는 점에서 그리 반가운 소식은 아니다.

둔산동

    대전 둔산동은 대전 내에서 최고 업무중심지이며 상업중심지로, 유동인구가 가장 많은 지역이다. 대전에 사는 직장인 대부분이 이곳으로 출퇴근한다고 봐도 될 정도로 모든 시설이 집중되어 있다.

    둔산동에도 월세가 저렴한 오피스텔이 있지만, 너무 낡은 데다 살인적인 관리비로 인기가 별로 없다. 그러므로 적당한 수준의 월세만 기대한다면 둔산동에서 공실로 인한 걱정은 안 해도 될 것이다.

    백화점과 시청 사이에 있는 방 3개의 아파트는 보증금 2,000만 원/월세 60만 원 수준이고, 1인실은 35만 원, 2인실은 25만 원 정도다. 그럼 총매출은 월 120만 원 정도고, 한 달 순이익은 60만 원으로 연간 720만 원이다. 임대수익률은 실투자금 대비 연 34%가 나온다. 1억 원을 투자하면 5채의 셰어하우스를 운영할 수 있고, 월 300만 원의 순이익이 발생한다.

    충남대보다 경쟁자가 다소 적고 공실 위험이 없어 대전 내에서 셰어하우스를 운영할 경우 충남대와 둔산동에 3대 7 정도로 분산 투자하는 방법을 추천한다. 현재 대전 둔산동은 전세가와 매매가가 큰 차이가 없는

상태로 갭 투자자들이 이곳을 매입하기 시작했다. 시세차익 목적이 있다면 월세가 아닌 매매로 구입한 뒤, 리모델링 후 임대수익과 시세차익 두 마리 토끼를 잡는 방법도 있다.

　둔산동 인근 탄방동, 갈마동, 월평동, 만년동 모두 둔산동 권역으로 범위가 넓은 데다, 새로 지어진 아파트가 아닌 20년 이상 된 아파트들이기에 월세가 저렴한 편이다. 역세권을 도보로 이용할 수 있는 아파트를 발품을 찾아서 다녀본다면 더 높은 수익률을 기대할 수 있다.

충남대

대학본부

상록회관

운동장

공대1호관

제1후생관

충남대학교
대덕캠퍼스
제2학생회관

후문

궁동
아

공대3호관

공대4호관

남부운동장

자연아파트

궁동

공대2호관

네모의꿈

충남대

봉암초등학교

정심화
국계문화회관

궁동 번화가

충대정문
오거리

다솔아파트

궁 동
로데오거리

봉암공원

현근린공원

한밭대로

SK셀프
행정타운주유소

상록빌딩

예성
그랑펠리채

상수도사업
유성사업

노블레스3

한솔타운

노블레스2

이신펠리스

투유원아파트

서측기계실
갈릴레이관
학생회관-1
한국과학기술
정보연구원
지오센트리
퓨지실험동
교
한빛아파트
운동장
갑천
어은동우체국
유성구청
어은교
아히우스
유림공원
은평공원
갑천대교
갑천대교
네거리
플러스
청산예술관
이마트트레이더스
월평경로당
워커힐빌딩

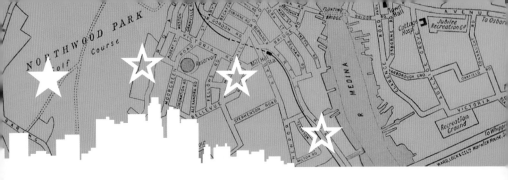

경북대

대구는 셰어하우스를 운영하기에는 적합하지 않은 지역이다. 경북대, 계명대, 영남대와 더불어 가장 큰 번화가인 동성로가 있지만, 평지가 넓어 원룸이 충분히 존재한다. 게다가 원룸 월세도 저렴하다. 지하철을 이용하는 직장인이라면 굳이 직장 근처에서 살 이유가 없을뿐더러 칠곡, 화원, 경산까지 지하철이 개통되어 대구 밖에서 대구 안으로 출퇴근도 가능하다.

이런 조건에서도 셰어하우스를 운영하겠다면 경북대 근처를 고려해볼 만하다. 경북대 근처 방 3개의 아파트의 경우 보증금 2,000만 원/월세 60만 원 선이다. 충남대와 같은 공식을 적용하면 연 20% 이상의 임대수익률이 발생한다. 단, 원룸과 대학교 기숙사로 인해 공실 위험이 따를 수 있음을 항상 염두에 두어야 한다.

사업을 장기적으로 운영하려면 높은 수익률보다는 안정성에 초점을 맞춰야 한다. 그런 의미에서 대구는 투자하기에 적합하지 않다. 다른 지역인 전주와 광주도 마찬가지다. 지역 대학이 있다 하더라도 단순히 거주

목적으로 시도해서는 승산이 없다. 지역이 가진 독특한 문화 또는 엔터테인먼트 요소를 도입해 수익률을 끌어올릴 수 있도록 노력해야 한다.

시야를 대구 밖으로 넓혀 인근의 경산, 칠곡을 봐도 수요가 충분하지 않다. 범위를 경북 전체로 넓혀 보면 구미, 포항 등이 있는데, 원룸 공급이 넘치고 저렴해서 셰어하우스가 아닌 원룸 투자로도 적합하지 않다. 그보다는 차라리 경북대, 수성구 부근이 나을 수도 있다.

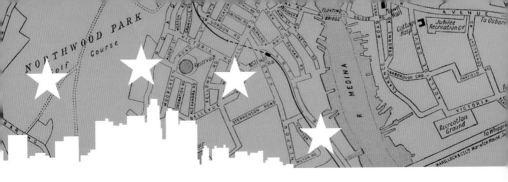

동래, 부산대, 부경대

제2의 도시 부산은 인구수가 400만이 넘는 대도시다. 대구의 2배, 대전의 3배에 가까운 인구수로, 부산 옆의 위성도시 인구까지 합치면 500만이 훌쩍 넘는다. 게다가 산이 많다 보니 집을 지을 수 있는 곳이 적어 집자체가 귀한 곳이다. 그래서 지방에서 유일하게 재건축·재개발이 활발한 곳이기도 하다. 다른 광역시는 논이나 밭으로 도시를 확장할 수 있는데, 부산은 위와 옆은 다른 도시로 막혀 있는 데다 산이 많아 기존의 도시를 헐고 새로 아파트를 짓는 방법밖에 없다(현재 유일한 평야지대인 해운대 오른쪽 기장으로 도시를 계속 넓혀나가는 중이다).

그런 의미에서 부산은 셰어하우스 경쟁력이 있는 곳이다. 오피스가 밀집한 동래, 시청, 서면과 부산대, 경성대, 부경대가 만나는 대연3동 일대는 셰어하우스를 운영하기에 최적지다. 해운대는 부산에서 가장 성장하는 도시이기는 하지만, 대학교와 업무지구가 없어 셰어하우스로서는 부적합하다. 물론 그렇다고 방법이 아예 없는 것은 아니다. 국내 정상급의 관광지인 마린시티 주상복합을 월세로 빌려 에어비앤비로 운영하면 높

은 수익을 기대해볼 수 있다.

동래, 서면, 부산대, 부경대 지역의 원룸이 월 50만 원 선이므로 1인실은 45만 원을 받아도 승산이 있다. 공실 없이 안정적으로 운영하고 싶다면 월 40만 원 선이 적당하고, 2인실은 30만 원 이하로 잡는 것이 좋다. 그럼 보수적으로 잡아도 방 3개의 아파트라면 총매출이 월 140만 원 나온다. 부산대 바로 앞 방 3개의 아파트는 보증금 3,000만 원/월세 60만 원 선이므로 순이익은 월 80만 원, 연 순이익은 960만 원이 된다. 실투자금 대비 연간 임대수익률은 보수적으로 잡아도 연 30%를 웃돈다.

아파트를 임대하거나 매입할 수도 있지만, 알짜 위치는 언젠가 재개발이 이루어질 수밖에 없기에 단독주택이나 그 밖의 건물을 매입해서 셰어하우스를 운영하는 것도 방법이다. 연 20% 수준의 임대수익을 내다가 재개발로 보상을 받아 매매차익을 거둔다면 그 이상의 기대수익률을 노려볼 수 있다.

동래

마암경로당

부산전자
고등학교

우장춘기념관

온천초등

대덕사업소출발점

판덕터널

온천대동다숲
아파트

조선일보
온천지국

한사랑아파트 미남
교차로

온천2동
주민센터

성도뷰크
아파트

미남역 궁전이브
아파트

온천중학교

미남초등학교

금강초등학교

삼정그린코아
사직2차아파트

온천제2공영
아파트

사직초등학교

고은타워
아파트

시직3동
주민센터

학교

사직2동
주민센터

사직1동
주민센터

사직역

여고초등학교

시직1차
쌍용예가아파트

GS사직자이
아파트

예원초등학교

여자
학교

여명중학교

사직여자
중학교

남문초등학교

부산사직
종합운동장

창신초등학교

출처 : 네이버 지도

부산고

종하우돗장역

부경대

서귀포

　제주도와 셰어하우스는 어울릴 듯 어울리지 않아 보인다. 천혜의 관광지인 제주도에는 게스트하우스가 공급과잉 상태다. 지금 이 순간에도 게스트하우스가 생겨나고 망한다. 다행히 셰어하우스는 그다지 많지 않아 제주도에서 충분히 경쟁력이 있다고 본다.

　사람들 대부분은 제주도에서 며칠 머물다 집으로 돌아가지만, 최근 한 달 이상 살면서 제주도를 만끽하고 돌아가는 사람들이 늘고 있다. 새로운 직장을 구하기 전이나 대학 졸업 후 취업하기 전에 휴식을 취하며 자신을 되돌아보는 시간을 갖는 등 다양한 이유로 제주도에서 장기 숙박을 한다. 그러나 이런 사람들에게 게스트하우스는 적합하지 않다. 나만의 공간이 없기 때문이다.

　반면 셰어하우스는 상당히 매력적이다. 제주도를 여행 온 이들끼리 같이 살면서 함께 여행하고 생각을 정리하며 인생을 알아가는 계기를 마련할 수 있다. 계약 기간을 한 달 이상으로 한다면 수요도 급격히 늘어난다. 다만 제주도의 땅값이 급등하는 중이라 바다가 보이는 단독주택 또

는 낡은 주택을 매입하기란 쉽지 않다. 적당히 교통 좋은 내륙의 땅도 이미 가격이 많이 올랐다. 방법이 있다면 제주시나 서귀포시에 다세대주택을 매입해 셰어하우스로 꾸민다. 제주도 자체가 월세가 비싸고, 부동산 가격이 급격히 상승 중이므로 매매차익을 기대하고 투자하는 것도 나쁘지 않은 선택이다.

바다에 가깝거나 올레길이 있는 점 외에도 교통편이 좋고 주차할 공간이 근처에 있다면 셰어하우스로서 합격이다. 제주도는 다른 도시와 달리 관광지이므로 차를 댈 수 있느냐가 중요하다. 게스트하우스도 위치가 좋다면 꽤 높은 수익을 기대할 수 있다.

부록 2.
셰어하우스
응용 투자

게스트하우스(제주도형)

게스트하우스 하면 가장 먼저 떠올리는 것이 제주도다. 제주도에만 검색되는 게스트하우스가 892개일 정도로, 제주도는 게스트하우스의 천국이다. 셰어하우스의 발상을 얻은 곳도 게스트하우스고, 게스트하우스에서 얻은 아이디어도 많다.

제주도의 게스트하우스에 가면 다들 한 번쯤 '제주도에 살면서 게스트하우스를 하면 얼마나 행복할까?'라고 생각한다. 돈도 벌고 제주도에서 지낼 수도 있으니 마냥 행복해 보이겠지만, 현실은 그렇지 않다. 892개 게스트하우스와의 싸움에서 이겨야 한다. 자기만의 특색을 갖춰야 그나마 살아남을 수 있다. 살아남았다고 해서 좋아하기도 이르다. 후발주자로 들어가면 가장 큰 난관이 있다. 지을 땅이 없거나 있더라도 너무 비싸졌다는 것이다. 중국 투자자들이 제주도 땅을 마구잡이로 사들이는 바람에 좋은 땅은 이미 중국인 차지다. 중국인은 사들이기는 해도 팔지는 않는다. 결국 남은 땅을 사야 하는데, 그 가격이 엄청나다.

일화가 있다. 서귀포 쪽의 밭이었는데, 중국인 투자자가 시세의 5배를 줄 테니 팔라고 했다는 것이다. 어디는 시세의 10배에 팔았다, 어디는 15배에 팔았다는 이야기들이 도는 것을 들은 제주도 땅 주인은 과연 정상가에 이 땅을 팔까? 중국인이 제의하면 로또를 맞는 셈인데, 제 가격에 파는 주인은 아마 없을 것이다.

적당한 가격에 좋은 위치에 있는 게스트하우스 부지를 매입한 뒤 괜찮은 시설로 잘 지었다면, 좋은 프로그램만 도입하면 된다. 매일 저녁 바비큐 파티를 여는가 하면, 다른 게스트하우스와는 차별화된 서비스(픽업, 장비대여, 제휴)가 필요하다. 실례로 내륙에 있는 모 게스트하우스는 여행객에게 온천쿠폰을 2회 제공하고, 픽업까지 해준다. 온천쿠폰은 하루 숙박비용보다 더 비싼 쿠폰이다.

게스트하우스에서는 아르바이트생을 무급으로 쓰기도 한다. 여행객 중에 4일을 재워주면 3일을 일하겠다고 자원하는 사람도 있을 만큼 제주도라는 곳에서는 경제논리가 사라진다. 주인으로서는 완전히 감사한 일인데, 이런 일이 흔하게 일어난다. 아르바이트생만 잘 두어도 제주도 곳곳에 게스트하우스를 설치하고 동시 운영이 가능하다.

하지만 레드오션은 될 수 있으면 피하는 것이 좋다. 특별한 콘텐츠, 저가 매입으로 인한 경쟁력, 뛰어난 입지가 아니라면 제주도에서 게스트하우스를 하는 것은 추천하지 않는다. 서울 외 지방 곳곳에 있는 게스트하우스도 마찬가지로 추천하지 않는다.

게스트하우스(공항형)

게스트하우스에서 가장 경쟁력이 있다고 보이는 방식은 공항형 게스트하우스다. 주머니가 가벼운 여행객들은 비행깃값을 아끼기 위해 밤 늦게 도착하는 비행기를 끊거나, 아침 일찍 이륙하는 비행기를 끊을 때가 많다. 밤이 늦으면 렌터카를 빌리거나 반납하기가 어렵고, 택시비도 많이 들어서 보통 공항 근처의 게스트하우스에서 하루 머문다. 그래서 공항 근처 게스트하우스는 위치만 좋고 가격 경쟁력만 있다면 문전성시를 이룬다. 여기에 간단한 조식 서비스, 늦은 밤과 아침 사이 픽업 서비스만 추가해주면 망할 수가 없는 구조다. 외국어 홈페이지와 카카오톡, 라인으로 예약 서비스까지 제공한다면 외국인 수요도 충분히 흡수할 수 있다.

또 하나 편리한 점도 있다. 다른 게스트하우스는 파티 등 여러 이벤트를 진행하다 보니 시끌벅적한데, 공항 근처의 게스트하우스는 주로 잠만 자는 용도라서 조용하다. 관리자로서는 깔끔하게 시설을 유지할 수 있음은 물론, 크게 신경 쓸 것이 없어 편하다. 다만 게스트하우스를 하려면 아무래도 주인이 상주하는 편이 관리가 잘된다. 결국 주거지를 영종도 아니면 제주시로 정해야 하는데, 일반 직장인이 모든 것을 뒤로하고 주거지를 옮긴다는 것이 쉽지만은 않다. 그러나 집이 인천이거나 제주도라면 진지하게 고민해볼 만한 가치가 있는 사업이다.

제주공항 게스트하우스

　제주도에는 892개의 게스트하우스가 있지만, 공항 근처에는 귀하다. 여행하는 동안 각 지역의 게스트하우스를 활용한다 해도 밤 또는 새벽 비행기로 도착하면 공항 근처 게스트하우스를 이용할 수밖에 없다. 즉, 홍보만 잘하고 운영만 성실히 한다면 손해 볼 자리는 아니다.

　제주공항 근처는 제주시이기 때문에 잘만 하면 게스트하우스로 적합한 건물을 구할 수 있다. 게스트하우스 특성상 남녀 공간을 분리하고 침대를 많이 놓아야 하므로 아파트나 다세대주택보다는 낡은 건물을 사서 개조 후 1층은 카운터, 조식 뷔페 겸 카페로 활용하는 편이 낫다. 또한, 돈이 들더라도 바다가 멀찍이 보이는 애매한 곳보다는 인프라가 좋고 택시나 교통수단을 이용하기 편한 곳이 효과적이다.

제주도는 단순 숙박업만 하지 말고 관광업도 겸해야 한다. 게스트하우스와 여행사 둘 다 운영한다 생각하고 시작하는 편이 좋다. 꽐, 사이판이 그렇듯 게스트하우스를 운영하면서 주변 관광지 가이드 및 픽업 서비스를 제공하거나, 해양레저 예약대행 서비스 및 픽업 서비스를 제공하면 부가적인 수익이 발생한다. 예를 들어 개인이 예약 및 픽업을 하면 5만 원이겠지만, 업체가 요청하면 3만 원 이하에도 할 수 있다. 이렇게 부가적인 상품을 팔아야 돈이 된다.

위치는 공항에서 1.5~2km가량 떨어져 있기에 걸어서 공항을 가기는 쉽지 않다. 따라서 픽업 서비스를 적극적으로 해주자. 공항 도착 후 연락하면 차로 2분이면 갈 수 있는 거리이니, 픽업 서비스를 내세워서 경쟁력을 강화하면 충분히 승산이 있다.

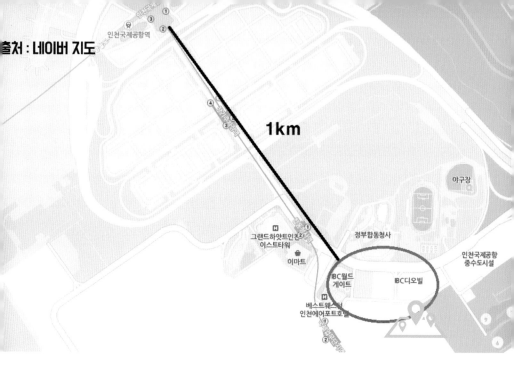

인천공항 게스트하우스

　인천공항 게스트하우스 산업은 아주 단순하다. 걸어서 갈 수 있는 유일한 위치는 국제업무단지역 부근의 오피스텔 하나밖에 없다. 셰어하우스처럼 전대차(임차인이 임차물을 제삼자에게 임대하는 계약)방식을 활용한다. 오피스텔에 간단한 소품과 침대 2개를 놓고, 하루에 55,000원 정도 받는다. 한 달이면 180만 원 매출이 가능하다. 이곳의 월세는 보증금 1,000만 원/월세 70만 원 정도이니, 잘만 운영하면 오피스텔 한 채당 월 100만 원씩 나오는 노다지가 된다. 거의 호텔 수준의 시설을 유지해 국내 및 해외 관광객 모두에게 인기가 있다.

인천공항에 게스트하우스를 운영할 계획이라면 가장 큰 문제는 이 지역 오피스텔을 몇 채나 확보할 수 있느냐는 것이다. 한때 월세 물량이 흔했지만, 게스트하우스를 노리는 사람들이 나오는 족족 월세 계약을 맺고 있다. 따라서 인근 중개업소에 부탁해서라도 나오는 물건은 모두 받아내자. 약 10채 정도를 받아서 운영한다면 한 달 최대 순이익으로 1,000만 원까지 올릴 수 있다.

대안으로 공항철도역이 있는 영종도 내 운서역 부근도 시도해볼 수 있다. 그러나 공항에 걸어갈 수 있는 근접성을 가진 국제업무단지역만은 못하다. 구하기 힘들더라도 확실한 곳에서 사업을 하는 편이 좋다.

그 외의 지역에도 이런 게스트하우스들이 존재한다. 서울, 부산, 대전 유성온천역에 있는 게스트하우스는 나름대로 장사도 잘되고 있다. 그래도 구할 수만 있다면 인천공항 게스트하우스가 최고다.

에어비앤비(해운대)

　외국을 여행할 때 알뜰한 여행객은 호텔을 구하는 대신 에어비앤비를 통해 숙소를 구한다. 자신이 사는 집의 전부 또는 일부를 관광객에게 빌려주고 숙박비를 받는 공유문화가 외국에서는 흔한 일이다.

　한번은 시드니에 갔을 때 펜트하우스를 에어비앤비로 빌려 정말 잘 활용한 적이 있었다. 아마 그 정도 크기를 호텔에서 빌렸다면 엄청나게 비쌌겠지만, 에어비앤비 덕분에 정말 저렴하게 구했다. 그리고 국내에 와서 대전에도 이런 곳이 존재한다는 것을 처음 알았다. 대전에 유명한 호텔이 있는데, 바로 앞의 오피스텔이 야경 및 조망이 더 잘 나와서 에어비앤비로 오는 여행객이 많았다. 호텔보다 싸고 넓고 조망이 좋다면 당연히 승산이 있다.

그렇다면 우리나라에서 가장 호텔 숙박비가 비싼 곳은 어디일까? 서울도 있겠지만, 해운대 바다가 보이는 호텔의 숙박비가 가장 비싸다. 백사장과 바다가 내려다보이고, 밤에는 광안대교 야경이 한눈에 보이는 호텔 스위트룸은 하루 200만 원 가까이 나온다.

호텔보다 더 높은 곳에서 조망할 수 있고, 바다는 물론 광안대교도 보이며, 스위트룸보다 더 넓은 주상복합 고층을 에어비앤비로 놓는다면 하루에 얼마까지 벌 수 있을까? 성수기에는 호텔 가격의 70%, 비수기에는 호텔 가격의 50% 수준으로 세팅하고 광고를 한다면 한 달 내내 만실일 경우 월 3,000만 원을 벌 수 있다. 참고로 이 집을 월세로 구하려면 보증금 5,000만 원/월 500만 원이 들어간다. 투자 리스크는 크지만, 잘만 운영한다면 한 채만으로도 큰돈을 벌 수 있다.

아마 셰어하우스 프로젝트가 끝나고 나면 에어비앤비 프로젝트를 가동하고 있을지도 모르겠다. 한 달에 500만 원씩 지출을 감내하고도 투자해볼 만한 배짱이 있다면 시도해볼 만하다. 다만 에어비앤비가 떼가는 수수료는 상당하다. 따라서 에어비앤비에도 광고를 올리되, 자체 홈페이지를 만들어서 해외 사이트(구글 등)에 광고한 후 예약을 받는 것이 중요하다. 내가 낸 광고로 여행객을 받으면 수수료가 없다. 그만큼 순이익이 좋아진다. 이런 식으로 어느 정도 예약률이 찼을 때 월세를 하나씩 더 받아서 늘려간다.

건물주보다 월세 많이 받는 연 200% 수익률 임대사업 프로젝트

셰어하우스 A to Z

제1판 1쇄 발행 | 2017년 4월 28일
제1판 2쇄 발행 | 2018년 5월 11일

지은이 | 전인구
펴낸이 | 한경준
펴낸곳 | 한국경제신문*i*
기획제작 | 두드림미디어
책임편집 | 이수미

주소 | 서울특별시 중구 청파로 463
기획출판팀 | 02-3604-565
영업마케팅팀 | 02-3604-595, 583 FAX | 02-3604-599
E-mail | dodreamedia@naver.com
등록 | 제 2-315(1967. 5. 15)

ISBN 978-89-475-4196-1 03320